中国社会科学院近代史研究所

民国文献丛刊

# 海外羁情

留越「国军」纪实

黄 杰 著

中华书局

**图书在版编目(CIP)数据**

海外羁情:留越"国军"纪实/黄杰著. —北京:中华书局,
2016.1
(中国社会科学院近代史研究所民国文献丛刊)
ISBN 978-7-101-11175-0

Ⅰ.海…　Ⅱ.黄…　Ⅲ.第三次国内革命战争-国民党军-史料　Ⅳ.E296.94

中国版本图书馆 CIP 数据核字(2015)第 281295 号

| | |
|---|---|
| 书　　名 | 海外羁情:留越"国军"纪实 |
| 著　　者 | 黄　杰 |
| 丛 书 名 | 中国社会科学院近代史研究所民国文献丛刊 |
| 责任编辑 | 张荣国 |
| 出版发行 | 中华书局 |
| | (北京市丰台区太平桥西里 38 号　100073) |
| | http://www.zhbc.com.cn |
| | E-mail:zhbc@ zhbc.com.cn |
| 印　　刷 | 北京市白帆印务有限公司 |
| 版　　次 | 2016 年 1 月北京第 1 版 |
| | 2016 年 1 月北京第 1 次印刷 |
| 规　　格 | 开本/920×1250 毫米　1/32 |
| | 印张 9½　插页 2　字数 160 千字 |
| 印　　数 | 1-4000 册 |
| 国际书号 | ISBN 978-7-101-11175-0 |
| 定　　价 | 38.00 元 |

# 出版说明

　　文献史料是认识和研究历史的基础,民国史研究自不例外。为了给民国史研究者和爱好者提供史料利用上的便利,我局与中国社会科学院近代史研究所等学术机构合作,推出"民国文献丛刊"。

　　"民国文献丛刊"首批图书中,经台北传记文学出版社授权,列入了原属"传记文学丛书"和"传记文学丛刊"的一些作品,包括《刘汝明回忆录》、《银河忆往》、《逝者如斯集》、《颜惠庆自传》等十九种。

　　由于作品产生的时代背景和作者个人的政治立场的影响,一些作品中存在着比较明显的时代局限和政治色彩,一些个人视角的描述与评论,难免有不符合事实之处,反映了特定历史时期各派政治势力和社会组织之间错综复杂的关系。我们除了作必要的技术处理外,基本保留了作品原貌。希望各

位读者在阅读和研究的过程中,着眼于其文献价值,辨析真

伪,而获得本真的历史事实。

中华书局编辑部

二〇一四年七月

達雲同志書勛鑒

茲屬蔣文无來越

面談一切並詳商

之并為我代慰全

體將士為荷

中正手啟 肖日

蔣公致黃杰親筆函之一

達雲同志 尹總領事返

國披閱

台書藉悉我軍在越近

情甚慰且念念

布此次率部入越艱苦

備嘗乃振流離顛沛

三十萬能負責整飭

嚴肅勤教提振士氣

蔣公致黃杰親筆函之二

團結精神 官兵深致慰

仍希益勵忠勤循撫

部屬努力自強待機

報國是□至盼來書

請示諸事已交主官核

辦迅速辦理修由蔣文

同志面達不贅順頌

勳祺　中正　□□賀□

上图：蒋公特使林蔚上将一行巡视富国岛营区慰问全体官兵
下图：营区儿童向林蔚上将献花致敬

上图：林蔚上将巡视介多菅区后与黄杰司令官合影

下图：黄司令官陪同林上将巡视第三总队之训练情形

上图：林蔚上将主持官兵代表政工业务座谈会

下图：林上将对营区官兵代达蒋公关怀德意

上图：林蔚上将向留越「国军」公墓献花致敬

下图：留越「国军」营区公墓

上图：黄司令官陪同林蔚上将抵达富国岛慰问留越「国军」时法军列队欢迎

下图：留越「国军」欢送蒋公特使林上将返台湾

上图：黄司令官巡视营区并对官兵讲话
下图：黄司令官亲自指导官兵军事操练

上图：黄司令官对留越"国军"官兵讲话
下图：黄司令官检阅介多营区部队

上图：黄司令官对介多营区部队讲话
下图：黄司令官乘汽船巡视富国岛

上图：介多菅区官兵之海上训练
下图：黄司令官巡视介多菅区之炮兵演习

上图：政治教育之露天讲堂
下图：政治教育上课情形

上图：黄司令官于军事演习前作沙盘讲解
下图：留越"国军"军事操练

上图：留越"国军"野战演习之一
下图：野战演习之二

右上图：黄司令官主持金兰湾营区运动大会
右下图：黄司令官与球员合影
左上图：介多营区高跷表演
左下图：留越"国军"官兵球赛

上图：康乐活动——平剧表演
下图：营区之壁报

上图：留越官兵开辟荒地就地取材兴建营舍情形
下图：留越官兵剥藤自制建材情形

上图：留越官兵自制建材情形
下图：留越官兵自建茅草营房之架构

上图：黄司令官偕各高级将领巡视兴建中之大礼堂
（自右至左为：参谋张维武、参谋长何竹本少将、副司令官王天鸣中将、黄司令官、副司令官彭佐熙中将、第一管训处长张用斌少将、秘书丁懋时）

下图：留越官兵自建之阳东营区中山桥

右上图：富国岛营区内官兵自建之海国亭与观海楼
右下图：富国岛营区之中兴台
左上图：介多营区之忠贞亭
左下图：介多营区之司令台

上图：留越"国军"干部训练班官兵自建之营区大门
下图：官兵自建之中山堂

上图：留越"国军"管训总处司令部之大营门
下图：金兰湾第五总队部营区

上图：金兰湾营区之一
下图：富国岛营区之一

上图：富国岛营区之二
下图：富国岛营区之三

上图：富国岛营区之四
下图：富国岛营区之五

上图：越南头顿市海边山上之保大皇行宫
下图：富国岛之官门市街

上图：富国岛之宫门码头
下图：留越"国军"用品船运情形

上图及下图：富国岛上之越南居民生活情形

上图：黄司令官陪同法军将领巡视营区

下图：黄司令官陪同法方将领检阅部队

上图及下图：留越官兵为争取早日回台向法方举行之绝食运动

上图：黄司令官与沈祖浔（左）、副司令官彭佐熙中将（右）合影

下图：留越「国军」由富国岛船运抵高雄

往事星星亦可温，
犹从髀肉认征痕。
蒙良风雨阳东月，
留与词人拾坠魂。

　　此为余题起凡《临江仙》长卷之作也。起凡随余归自越南，所作《临江仙》词，述当日孤军苦斗之状颇详。偶有余暇，亦觉羁戍之情可述，遂满笔记之。

黄　杰　谨识

# 目录

1

# 自　序

一九五三年夏，率孤军归自越南，其所遇之酷，所历之险，为平生所未经，不能无一言以纪。乃于军书旁午之际，匆草《海外羁情》一卷，俟之异日，再付梨枣。

阅十年，徇旧时袍泽之请，将草稿略事增删，交《传记文学》次第刊载。又十八年始得余暇，再作整理，敬列蒋公亲笔手谕及箧藏照片之可资忆念者，连贯成书，然亦不遑藻饰，盖实录也。

我留越官兵，羁戍炎荒，历时三年又半，当天倾日丧之会，遘骨肉乖离之痛，风涛惊骇，曾不知何以自存，独恃此耿耿精诚之寸衷，与数万将士相对于断港绝航之域。仰赖蒋公德威远庇，卒获全师而还。回首前尘，恍如隔世，而中怀所感发追慕者，固不仅夷险之情已也。

一九八二年七月　黄　杰

# 海外羁情

## 受命危难之间

三十八年夏天。

共军已越过了长江天堑，江、浙、皖、赣，相继失掉。

大批共军攻击的目标，正指向湖南，华中长官公署准备作退守广西的计划。湖南方面的军政负责人，被"和谈"的毒饵所麻醉，大做其"保家保命"的迷梦，三千万人民为逆转的时局而困扰，彷徨骇顾于十字街头，没有一个不感到大祸将临！

九个月以前，我以国防部次长的身份奉调回湘工作，兼任第五编练司令部司令官。这时，编训完成的三个军奉部令拨归第一兵团指挥，第五编练司令部奉命结束，匆匆摒挡，准备到广州去就任原职。

到广州才一月，参谋总长顾祝同上将要我改任参谋次长，接着又要我去接替湘鄂边区绥靖司令官宋希濂的职务。顾上将是我在黄埔时的老师，也是追随多年的老长官，很希望有机会为这位忠厚长者分些忧劳。可是，外调的使命，我又没有理由拒绝。作为一个革命军人，当国家需要我的时候，不应该考虑到个人的出处。于是，我毅然接受了外调的使命。

这两个职务，还没来得及就任，却在几天之后，奉到一项戏剧性的差遣。这差遣包含了"游说"与"迎驾"的双重意义，也为我个人再回湖南工作播下了远因。

七月三十一日，我刚从香港回到广州，政工局长邓雪冰兄在机场迎接。他告诉我：行政院阎百川院长要我持专函到长沙一转，邀请程潜来穗就任考试院长。

程潜自回湘主政以后，自称"湖南家长"，对中央的态度即非常暧昧。最近从各方得来的消息，他正与共党进行所谓"局部和平"的谈判。中央在此时发表他为考试院长，也就是作釜底抽薪之计。我与程潜并无深厚的交谊，事实上能达成任务的希望很小，但是为了挽救湖南的命运，我还是愿意身入危城，尽其棉薄。

经过一番商量，决定于翌日起程回湘。同时分访邱毅吾、邓雪冰、张真夫、杨继荣诸兄，研究湖南军政各界最近的动态，以及可以利用的各种人事关系。

八月一日清晨，偕同雪冰兄乘追云号专机飞湖南。九时四十分抵达衡阳，晋见华中长官公署白长官后，继续飞长沙，十一时四十分到达。

机场的四周，警戒森严。除了两辆吉普车停置在机场，供我们乘用外，在长沙的同学和朋友，竟无一人露面。步下飞机的第一个预感，就似乎有点异样。

我们的车子，驶出机场，一直开往省政府所在地。陈明仁在楼梯口迎接我们，他是第一兵团司令官，最近又兼代省主席的职务，可说集湖南军政大权于一身。他和我与雪冰兄都是黄埔第一期的同学，和雪冰还是醴陵同乡，至于与我的关系，更加密切。近二十年以来，我们常在一起，我任第二师师长时，他任参谋长，在滇西抗日战争中，他是我最器重的一位军长。照常理来说，旧友重逢，该表现得多么愉快，又该接待得多么殷勤。然而，他的脸上失去往日的热情，他的手上也失去了往日的蛮劲，一言一笑，都显得十分尴尬，而眉宇之间，尤充满着一种凄苦之色。使我意识到陈明仁正陷入痛苦的深渊。

我来长沙的任务，是专诚迎驾。入座后，即宣告中央邀请程潜出任考试院长的意旨，希望立刻可以把中央的意旨转达给他。不料，陈明仁的答复是程潜已于前几天离开长沙到邵阳去了，现在行踪不明。这自然是程潜避而不见，见不到他的面，我们的任务，便无法达成，此行也等于白跑。但我仍想利用我在军队中的关系，和一些旧时的袍泽见见面，剀切地告诉他们在危难之际所宜采取的自处之道，同时，也希望和陈明仁作一次恳谈，要他珍视过去抗日"剿匪"用自己血汗换来的历史，不可昧于时机，自陷不义。

这时，我已察觉到陈明仁的神情，十分沮丧，在他那深锁的两眉间，似有万千心事，道不出来，无疑已到了话不投机的地步。在沉闷的气氛中，用过了午餐，即匆匆告别。像来时一样，陈明仁送我们到楼梯口止步，我们仍乘两辆吉普车离开省府。

整个长沙城，像是披上了一层恐怖的外衣，死寂得使人发慌，商店半开半掩，格外显得萧条冷落。这是我的故乡，面对着如此悲怆的景况，不由得童年时的往事，一幕幕地浮上心来。青翠的麓山，碧绿的湘水，都是我童年钓游之地，永远渗透着我的感情……想到这里，我的心境，分外感到沉痛。

下午五时半，偕雪冰兄飞抵衡阳。立刻晋见白长官，并与广州方面取得联络。我用电话向顾总长报告长沙之行的经过。晚餐时，收听广播，才知程潜已明目张胆地投降共党了。

提起程潜，这人的一生行径，多疑善变，更特别重视个人的私利。他自从竞选副总统失败以后，怀着一腔患得患失的心情，回湘主政，对中央早存携贰之心，他的变节投敌，不难从其贪图私利的个性上看出一些迹象。可是，我却未料到刚在四平街打过一场硬仗的陈明仁，竟也是串演这幕悲剧的主角之一！

长沙的变乱，虽然使阻遏共军南进的军事形势，受到很大的影响，但就整个湖南而言，只要把位居中部的邵阳控制得住，辽阔的湘西地区，仍不失为进攻退守的根据地。这时，我觉得我有责任拯救家乡的沉沦，必须投袂而起，同时，也料到邵阳以西的我军部队，必不肯自毁他们的奋斗历史，去投降"敌人"。可能因为周遭的环境恶劣，迫切需要精神上的支援。如果我及时赶去，必定能够增加他们坚忍奋斗的勇气和决心。因为，这些部队的干部，大半是我的旧属和学生，又大都成长于黄埔革命的摇篮，尤以新近拨交第一兵团的三个军是我一手训练成立的，我有充分的理由可以相信他们经得住时代的考验。

于是，我决定前往邵阳。起程之前，先与驻邵阳的第十四军军长成刚中将取得联络。他的报告，证明我的料想没有错误。不过，他要求我缓几天再去，因为有一个师长企图"叛变"，还有一部分地方团队也态度不明，正在全力进行清扫。因此，我改变行程，在八月二日的下午二时，由衡阳直飞湘西的芷江。

芷江是湘西的重镇，也是湘西的政治中心，我要亲自了解湘西的实况，并且为将来控制湘西铺路。飞机于下午四时到达，湘黔边区绥靖司令官刘嘉树、芷江警备司令杨永清等均在机场迎接。

在湘黔边区绥靖司令部，与芷江各界首长举行一次座谈会。说明中央"戡乱到底"的决策，希望各阶层人士共体时艰，捐弃个人成见，先保持湘西为一块干净土，再进而规复全局。

在芷江盘桓一整天，与各方面作广泛的接触，我对湘西的一般情形，已有相当了解。这块被人怀疑带有神秘色彩的地区，其实并不神秘，而且民风淳厚，只因为天然的崇山峻岭，交通阻塞，才被人如此怀疑。

　　回到衡阳后，我全力注视邵阳方面的情况，得知湖南保安副司令彭杰如、湘西纵队司令戴文、第六十三师师长汤季楠等因受程潜的煽惑，投敌的迹象已经暴露，他们正阴谋夺取邵阳，与长沙方面呼应。这几个人也是黄埔的同学，还没有到山穷水尽的时候，我总想对这几个误入迷途的同学，动以感情，进进忠言。于是，我和雪冰、智山两兄联名写信给彭杰如等，派专差送达，并且说明我们愿意前来邵阳，为同学们解决问题。

　　八月三日上午，邵阳警备司令魏镇有电报给我，欢迎我到邵阳去。但在下午二时左右，忽然接到彭杰如的电话，说魏镇已离开了邵阳。情况的发展，愈来愈迷离。不过依我的揣想，那边虽然是风风雨雨的摇摆不定，我们去一次，大概不致发生什么危险。

　　八月四日上午九时偕同雪冰兄晋见白长官后，即刻登机飞邵阳，十一时到达。我们的座机降落时，成刚中将的警卫部队刚到，他本人随后也赶来。在此之前，邵阳是被魏镇控制着，第十四军先头部队进行扫荡，把机场附近叛变的保安团队击溃，我们才安全地着陆。

下机后，举行了一次座谈会，这次会谈，有敌有友。各人都有不同的心事，在一种十分阴暗的状况之下，我反复说明当前的军事局势及在危苦之际国民党同志所宜体认的义命，绝不可受人鼓煽，而毁弃自己革命的历史。我谈话的态度极为诚恳，最后，严正的表示：谁同情共党，谁就是敌人，必须立刻离开邵阳。

座谈会结束后，成刚中将把最近邵阳方面的情形详细地向我提出报告：

一、陈明仁于七月廿三日先后召集第一兵团各军师长会谈，宣称：现在政府无能，军队力量薄弱，不能再战。生平知遇长官如程潜、刘斐、李明灏等都同情共党，决遵循其主张。因此决心实行局部和平，与共党签订协定，在协定地区内，共党军事政治力量不侵入。

二、陈明仁等与共党协定的地区为长沙、湘潭、湘乡、安化、新化、邵阳等县。允许共军由益阳、安化进窥广西。

三、邵阳的共党主要人为魏镇、谢慕庄、刘兴，左倾分子为汤季楠、戴文、彭杰如。

四、陈明仁可能察知其不附和"局部和平"，已下令将其十四军军长职务解除，派为绥靖副总司令。

五、汤季楠的第六十三师有两个团团长于汤宣布叛变时，率部来归。

　　六、第十四军各部队控制邵阳以西广大地区，严阵以待、随时可以接受战斗使命。

　　从成刚中将这六项报告中，证明程潜、陈明仁早在七月廿三日以前就已投降共党，只是时机尚未成熟，不曾正式公布而已。我这才恍然想到上次长沙之行，真是入了一次虎穴，能从虎穴中安然归来，又真是作了一次噩梦。至此，湖南的变乱情况，已经全盘了解。今后的问题，是如何从变乱中寻求安定，如何掌握邵阳以西的地区免于混乱。因此我集中思考在这些问题上面，同时把握有限的时间，向上级建议，作紧急处置。当日下午三时即乘原机飞返衡阳，向白长官具申我的意见：

　　一、明令成刚中将兼任邵阳警备司令，全力清扫地方叛乱部队及安定后方。
　　二、派丁廉少将为邵阳行政督察专员兼警备副司令。
　　三、湘西纵队司令戴文免职，以副司令李秉纲升充。
　　四、第六十三师师长汤季楠免职，派第十四军副军长李精一兼充。

　　这几项人事上的意见，当即获得白长官的采纳，并以最迅速的方法下达命令。

我在邵阳时，曾详细指示成刚中将及所属各级部队长应付变动的许多方针。我相信湘中和湘西的局面，只要措置得宜，仍然安定得下。天下事都在人为，只要有勇气，有决心，拿得出办法，最困难的事，说不定就是容易的事。

　　八月五日，我和雪冰兄从衡阳飞回广州，向中央复命。中央交给我们的任务，是迎接程潜，程潜既已投共，我们的任务，便也算是可以告一结束了。

　　到达广州后，立刻晋见顾总长报告此行经过，并且详述湖南的变乱情形。

　　湖南的变乱，震惊了中央。行政院彻夜在开会，商讨对变乱局势的应付办法。会议的结果，决定派我为湖南省政府委员兼主席，并兼任湖南绥靖总司令和第一兵团司令官两项军职。

　　当我获悉行政院这项决定时，我的感觉，万分惶恐。就目前军事、政治各方面的态势来说，可以形容为"百孔齐穿，千疮并溃"。在这样危疑震撼的状况下，去接受如此艰巨的任务，内心感到万分惶恐。然而为了支撑湖南那个摇摇欲坠的局面，我有义无反顾的责任，所以我毅然接受了回湖南工作的任命。

　　记得少年时读诸葛武侯的出师表，那时只是喜爱这篇文章的句子，并没有体会到武侯当日出师北伐的心境。谁知三十多年以前的读品，此刻对我发生了深厚的情感，武侯所谓"受任于败军之际，奉命于危难之间"，也很明显地道出了我的一切景况。

我把重新组织一个省政府和两个军事指挥机构的腹案拟定，并亲自起草三件电报，分呈总裁、东南军政长官陈诚将军、西南军政长官张群先生，报告长沙事变的真相及受任新职情形。同时对省府人事上的安排，也和在广州的长官和朋友作审慎的研究。

八月七日上午十时，乘总统府专机飞衡阳，与白长官商量的结果，决定将省府设在芷江，绥靖总部及第一兵团司令部设在邵阳。

邵阳方面的不安状态，自我走后，渐趋好转。叛变的保安团队和左倾动摇分子，已经第十四军部队全部肃清，残余的叛军，向长沙方面逃窜。

湖南经过这次叛乱，虽大部分地区尚未"赤化"，但整个都在动荡不宁中，必须及时进行抚辑清扫的工作，因此省政府及两个军事指挥机构接着就宣告成立，省政交由民政厅长朱久莹代理，我则留驻邵阳，亲自指挥军事。为了迅速建立健全的组织，我于八月八日率同省府厅、处长飞芷江就职，并发表一项文告，揭示程潜、陈明仁被共党和谈的说辞所"蛊惑"，"出卖"湖南人民，其结果无异自掘坟墓。呼吁各界人士通力合作，共赴国难。

回到邵阳后，研究绥靖总部与兵团组织问题。决定绥靖总部与保安司令部合并办公,并派定绥靖总部重要人士。

当日下午四时我又由邵阳飞衡阳,向白长官提出两项请求:

一、请令派成刚、王天鸣、熊新民为第一兵团副司令官,何竹本为参谋长。刘嘉树、王育瑛、蒋伏生为湖南绥靖总部副总司令,郭文灿为参谋长。

二、原有省府委员及各厅长,多已自动离职或附敌。提任李树森为委员兼秘书长,朱久莹为委员兼民政厅长,张中宁为委员兼财政厅长,鲁立刚为委员兼教育厅长,王力航为委员兼建设厅长,张炯、陈渠珍、杨永清、欧冠、蒋伏生等为委员。

经过连日来的奔走构想,省政府、兵团部、绥靖总部三个机构的组织问题和人事问题,大体上已经部署就绪。

接着,我的工作重心,便转移到第一兵团所属的部队上去。

第一兵团的战列部队,是第十四军成刚部,第七十一军彭锷部,第一百军杜鼎部等三个军。第十四军和第一百军,是我三十八年春兼任第五编练司令官时编练序列的部队。第七十一军是我三十三年秋任远征军第十一集团军总司令时指挥序列里的部队。这三个军的干部,都与我在战场上共过患难。也就因为这种人事历史关系，中央才授予我这个使命。

当陈明仁宣布投共时，第一兵团各部队失去了领导的重心，形成分崩离析之局，情况异常险恶，又因为分驻在湖南各地，外面的压迫，本身的孤立，不免彷徨无所适从。此时，华中长官公署派出飞机，飞临各部队驻在地，散发传单，告诉各部官兵，说我就要回到湖南，领导他们继续为国家效力，并指示各部队的行动方向和集结目标。这对以后各部队突围来归，具有很大的影响。

第十四军的任务是防卫战略要点的邵阳。长沙事变发生后，邵阳也随之混乱，该军官兵树起了义纛，"肃清"投共的保安团队，使程潜、陈明仁等兵不血刃"赤化"湖南的阴谋，无由得逞。这是一件值得表扬的事，该军军长成刚中将镇定不慑的精神，尤可嘉许。

除第十四军之外，第七十一军、第一百军，均驻守长沙市郊附近，第九十七军、第一〇三军驻宁乡西南，益阳东南附近地区，均陷入共军包围圈内，态势非常不利。但各军官兵，虽处境在险象环生中，仍能沉着应变。自八月五日以后，相继突围来归，至八月中旬，均已突出共军的重围，集结于邵阳东南与东北各附近地区。

少数叛变部队，经我突围各军沿途截击，大多溃散。其中第八十八师师长刘塸浩，甘心投共，于集合部队宣布其企图时，全体官兵激烈反对，刘逆当场被该师二六〇团团长倪中纯同志所拘捕，递解衡阳法办。"汉贼不两立"，是我们民族的传统精神。而军中基层干部，皆晓然"忠奸顺逆"之别，为我挑起共患难中的重担，增加了无比的信心。

各部队突围来归后，为加强战力与战备，即着手部队与人事的整理。经过数日来的谨慎将事，大体上已经就绪。尔后我们努力的目标，便是如何应付变乱后的政局及蠢蠢欲动的敌情。

当长沙事变尚未发动时，共军就已陈兵湘北，待机而动。程潜等的"和平谈判"，真无异是"引狼入室"，陈明仁所宣称与敌谈判的协定，也只能欺骗他自己。湖南的前门，由他们轻轻地打开，共军便毫不费力的可以长驱直入。

八月上旬，林彪所属的两个军，已进击湘潭、湘乡，攻打虞塘。另两个军一个进抵常德，一个进抵桃源、宁乡。土共也到处滋事。衡阳和邵阳渐次接近战争的边缘，情势一天比一天紧张。

华中长官公署针对共军新近的动态，下令调整我军原来的部署：

一、第十四军一部向巨口铺、栗坪之叛军攻击。

二、第一七六师即开邵阳以西火烧亭附近，准备支援第十四军之攻击。

三、第七军即开邵阳以东地区待命。第七十一军续向东北及北方严密搜索警戒。第七、第七十一各军各靠右侧行军，以免紊乱。

八月十五日晚间，在邵阳东面的界岭，共军和我军已发生激烈战斗。

就敌我两方的态势而论，我军比较有利。以前我们是西守东攻，现在则转变为东守西攻，属于内线作战。只要在鄂西地区的宋希濂兵团，能够牵制敌方三个军或两个军，这一回合的战斗，就有绝对胜利的把握。

自十五晚上开始，我军在界岭、青树坪一带围歼林彪的一四五、一四六、一四七等三个师，并生俘共军千余名，卤获轻重兵器甚多，这就是湖南"剿匪"军事中的青树坪之捷。

华中部队自武汉撤退至湖南，一直是被动转进，士气亦随之不振。中间又经过一次长沙事变，无形中也磨损了官兵们的战斗意志。青树坪之捷，虽然对以后整个战局，没有发生决定性的挽救作用，但在当时那种混乱的局势中，这些新集之师，能予共军迎头一击，使西南大后方得以稍安，我心为之一振。

为了扩大这次胜利的成果，我们决定集中所有陆空军部队，向南进的共军闪击决战，同时打击活动在湘水西岸的共军。

行动的部署是以宋希濂部的第一一八军对东、北两翼掩护，宋氏本人率主力迅速进出石门慈利，渡过资水、沅水，向湘江西岸的共军决战。周磐率五个师的主力，向新化共军的侧背攻击。第三兵团继续向永丰方面的共军攻击。第十八军相机向新化共军正面攻击。

我遵照这项部署的要求，下令第十四军的第十师进占田心，继续向前挺进，在挺进中，并得到第三兵团的支援，对新化共军，形成包围态势。

八月廿日，攻击行动开始。第十师进占龙桥，第三兵团的第一七六师部队进占下源铺、文昌阁一带，另一部保安团队推进到杨溪。廿一日第十师攻克新化。

这项作战部署，可说是相当的成功。如果各战列部队都能奉行部署的规定，湖南危局，毫无问题的可以扭转，就是整个华中"剿匪"劣势，也未尝不可以改观。可惜宋兵团没有积极付诸行动，差一着，输去了全盘，虽然内外的因素还多，瞻顾踌躇，却轻轻地走失了胜利的机会。

所以，在青树坪打了一场胜仗之后，苦心策划的结果，也仅仅只获得克复新化城区的一场小胜。以后对敌作战，我们又慢慢地转入了被动的劣势状况中。

在全力整顿军事之际，我还要注意后方的政治问题。在当时，辽阔的湘西地区，成为我们的后方。对于湘西的整治，也必须及时予以进行。

以往，行政当局似乎忽略了边远地区的管教养卫，政治的力量达不到，长时间的隔膜，无形中使边远地区造成了一种特殊的环境。湘西之所以号称难治，也正是这些特殊的因素在作祟。

　　三个月以前，湘西曾经发生过一次武装暴动，我军部队及时赶到，暴动才被遏止，但随时有死灰复燃的可能。

　　我过去曾经想到，湘西的私人武装势力很庞大，如果能够把他们一一纳入组织，运用湘西人民强悍的个性，再施以现代化的军事训练，未尝不可以成为节制之师。

　　这次回湘主政，我把省政府设在芷江，也就是准备实现我过去的构想。

　　湘西拥有武装力量的是杨永清、潘壮飞、张玉琳、陈子贤、颜梧、陈策勋、瞿伯屏、周磐、向承祖等。这些武装分布在泸溪、辰溪、沅陵、芷江、洪江、安江、黔阳、晃县、武冈一带。这些私人武装好比小说上立寨为王的情形差不多，各有各的地盘，各在其所控制的地盘内，横征暴敛，地方行政机构，等如虚设。

　　我的计划是以安抚为先，不愿意在大局震荡时再动用武力，斲伤地方上的元气。

　　因此，第一个步骤，便是罗致在湘西具有声望的人士参与省政。陈渠珍、杨永清诸人的提任为省府委员，即本此观点。第二个步骤，便是和那些拥有武装的人士求取谅解，使其乐意接受我的节制，再着手改编其武装。

　　这两个步骤，我认为对整顿复杂的湘西地区，至少可以收到安定的效果。可是，因为中间一度曾受人事上的意外牵制，增加我处理问题上不少麻烦。

这时，我鉴于湘西问题的纷乱与复杂，以及受命回湘一个月以来的各项措施，有到重庆面报总裁的必要。乃于九月七日乘机飞渝。下午四时到达重庆，随即至林园官邸晋谒总裁，我扼要报告了工作情形。总裁对长沙事变，第一兵团各部队或坚守阵地，或突围来归以及青树坪之捷，深表嘉许。并指示湘西军政力量，应力谋团结。如果将来战局转变，应向西移动，与宋希濂兵团联系作战。

在重庆勾留了二十一小时，我想到应该与将来并肩作战的宋希濂将军见一次面。于是在九月八日的上午十二时，飞抵湖北恩施。宋希濂将军的川湘鄂边区绥靖公署就设在这里。事先他得到我来的消息，亲自跑到机场来迎接。我们是黄埔的同期同学，现在各人都负有很艰巨的责任，风雨同舟之谊，显得异常重要。在他的绥署，我们作过一次恳谈，最主要的是交换对处理湘西问题的意见。我表示：由于青树坪之捷，衡、邵局势，在短时内可以安定得下。湘西为西南屏蔽，也是第一兵团与川湘鄂边区绥署作战地域的接合部，内部情形绝不单纯，防卫力量又非常薄弱。要求他支援我编组湘西私人武装的计划。

宋将军对我的意见表示赞成，若干管辖权责上的细小问题，也当面获得协议。下午六时，我即由恩施飞返芷江。

湘西的复杂问题，总算理出了头绪。

不料，"披猖的匪势"，又紧跟着进逼。我们面临的困难，比以前更多。

在八月下旬，我获得的敌情报告是：

一、赣江方面有刘伯承七个军，湘江方面有林彪六个军，湘鄂边区有林彪六个军。整个华中战场，敌陈兵十九个军，约计五十五万人。

二、湘西共军以常德为中心，分三路向西南进犯，一路由沅陵、辰溪攻芷江、晃县，一路由溆浦石下江攻武冈，一路由新化攻邵阳、东安。

默察共军的部署，似是调整态势，选择有利时机开始行动。

华中长官公署的作战计划是：

第七军防守衡阳以南，第四十六军防守耒阳，第五十八军在衡山与衡阳中间以东地区，第四十八军在安江以西。如共军由茶陵以西进击衡阳，则五十八与四十八两军分别向南北移动，放开向东的袋子口，诱敌进入衡阳以东的地区，包围歼灭。如不犯衡阳，则另行调整部署。第一兵团就原有的部署，采取守势。

根据上述敌情和我军态势，我认为湘西方面是整个战局中最脆弱的一环。一旦湘西失守，则衡邵地区失去了后方，川黔的门户一开，西南即将陷入混乱。

我在九月上旬匆匆往返于重庆、恩施、芷江、衡阳各地，主要是编组湘西的地方武力，加强各方联系合作。关于运用湘西地方武力的计划，早已和宋希濂将军取得协议。不料，宋将军虽然在一纸电报上同意他属下在沅陵地区的两个暂编军归我指挥，但该两个军却于九月十八日未经请示即先行撤退，使沅陵突然成为真空地带。沅陵是湘西的锁钥，一经开启，泸溪、辰溪、溆浦等县，便相继陷入敌手。

作战最重要的原则，是能掌握全局。而其关键，乃在互相支援与协同。曾文正公说过："大将以救大局识大体为主。"过分顾惜自己的利益，到最后自己的利益，终将不保。这是一个发人警省的教训。

湘西战事既起，上级对几个兵团的辖区和任务虽重新作过明确的划分，但风雨漏舟，已经难于支撑。十月二日麻阳失陷，共军主力直扑芷江，湘西战局，急转恶化。我曾以最迅速的方法，车运部队驰援第十七兵团，另外集中保安部队与地方团队，对江口洞口方面作战，终以众寡悬殊，无济于事，洪江和安江相继失守，共军则分别向黔边及武冈进击。

十月三日，邵阳东面战事又起，若干部队均被共军围攻，战斗至为惨烈。

我为捕捉战机，下令第六十三师向蓝田疾进，并电请长官公署下令第七军的两个师及第四十六军的一个师迅速北进，实施突击。

十月五日，第八十八师向双江口转进，第八十七师在金仙铺以北的阵地，被敌攻破。邵阳北面的第十师转移到巨口铺一带，雪峰山部队不战先溃，指挥官潜逃。此时，荷公岭的共军，企图进攻祁阳，武冈的共军，企图进攻新宁城步，邵阳东、北、西三面都有优势的共军。我下令保安第二师师长丁廉，紧急备战，守卫城防。并指示第十四军的直属部队就现阵地加强野战工事，作战斗准备。

我明知以如此单薄的兵力，去抵抗倾巢来攻的共军，胜负之数，无待龟卜。可是除了尽出所有而外，实别无他法。

十月六日，邵阳东面的部队仍与共军作拉锯战，北面的部队已转移到寒婆岭，洞口方面也在竭力阻止西进的共军，公路仍可畅通。此时，越衡邵公路南攻的共军，分两股向祁阳、邵阳进扰。本日是农历中秋节，浮云遮月，阴霾不开，苦雨凄凄，使人纳闷。

就在这天我接到了转移阵地的命令，除迅速对转移时各部队行动及战斗任务作紧急指示外，并紧急抢运邵阳军用物资至洞口以东桃花坪以西地区。

衡阳地区的作战，在战略上的行动方针，我的部队本来必须遵照总裁的指示："向西移动。"可是由于局势突变，事实上向西移动已不可能，目前惟有南下一条路可走。在邵阳也不容许再事停留，十月七日下午一时在秋风冷雨中率指挥所人员离邵阳。

当我步出了兵团部的大门，坐上指挥车，我的眼泪，不禁夺眶而出。自八月一日回湘，八日在芷江组织省政府，九日在邵阳组织第一兵团与湖南绥靖总部，匆匆两个月，撑持了长沙事变后的湖南残局。两个月以来，真可以说是疲如奔命，没有一分一秒不是在焦心苦思，也没有一分一秒不是在戒慎恐惧。现在就要离这里，忧谗畏讥之心，不禁油然而起。

## 风雨南征

十月七日下午四时，率指挥所人员到达邵阳西面约六十华里的桃花坪之后，即架设电台，指挥东、北、西三方面的各部队准备转移，并积极阻敌进击。

桃花坪为直通湘西的孔道，各地集中而来的部队、车辆以及难民很多，顿使此一小小的山城拥挤不堪，又逢秋雨绵绵，气氛感到紧张而沉闷。

十月八日，我接到了武冈方面城防战斗十分激烈的报告，随即又听到了第六十三师撤离洞口的消息。衡量当时的情势，证明阻敌进击，已不能收到预期的效果，转进行动，必须提早。因此，下令绥靖总部参谋长郭文灿少将率领非战斗人员，由桃花坪渡河，经王家亭子、金秤市、回龙市、巡查司向广西全县转移。

十月九日下午，一切部署妥当之后，我于薄暮中率指挥所人员渡资水转进到王家亭子。十日下午五时，到达金秤市。

这时，第七十一军除第八十八师的二六三团及二六四团于湘乡永丰战役后，因潭宝公路被敌切断，向衡阳渣江方面转移外，其主力已脱离战场，正向金秤市与回龙市之间挺进。第十四军主力则仍在桃花坪与石下江间地区，掩护兵团撤退。

十月十一日下午，我到达花亭子。奉到白长官的电令，得悉：武冈已于早晨被敌攻陷，第三〇五师正在龙溪铺以南与敌激战中，第九十七军、暂一军、三十三师晚间可以进抵新宁，第七军主力在黄土铺附近地区被敌隔断。白长官并在电令中指出，因第七军未能如期转用，且武冈方面敌情，又已发生剧烈变化，我军在该方面必须另作安全的部署，嘱我率部兼程向新宁附近地区转移，会合第九十七军，在新宁地区选择有利地形，阻敌南进。

十二日我到达白沙，随即电令第七十一军熊新民军长及第九十七军蒋当翊军长调整作战部属。我的命令是——

一、第九十七军即占领官桥、白沙、虞家桥间地区守备。

二、第七十一军以主力即占领虞家桥、山良山、灵上间地区守备。

　　三、两军到达指定地区后，即选择要点，构筑工事。七十一军应于对河南岸，九十七军对河北岸各要路口，派队据守。


　　兵团指挥所十三日在白沙，十四日下午五时，推进到七星桥。十五日奉到白长官电令，对于本兵团掩护转进的作战行动，为适应战况的逆转，再重新作过一次调查。至十月十七日我已到达广西全县，正为掩护兵团后撤的第十四军行动担心，忽然接到成刚军长的电话，谓已率军直属部队、第六十二师师部、一八六团及第十师的二十九与二十八两个团进抵广西边境，正向全县集中。成军长并且报告，他于十一日曾在无线电话中指示第六十二师师长夏日长少将率部由石下江向新宁方面转进，依当时情况判断，应可安全撤出，但迄今尚未取得联络。第十师师长张用斌少将率第三十团在滩头被围，经过激烈战斗后，已突出重围，正向南转进，损失甚为轻微。

　　我得到这项报告后，内心颇感安慰。但不幸的是第六十二师师长夏日长在石下江被俘，损兵折将，我心为之黯然！

　　这次向南转进，各部队都能把握战争的最高指导原则，迅速脱离敌人。共军的力量虽然强大，而我们能在强弱悬殊的态势中，冲开一条生路，可以证明今后必能经得住再一次苦战的考验。

我的部队自十月七日由衡邵地区开始转进，到现在三个军及若干保安团队已全部进入广西。第七十一军在梅溪口，第九十七军在七星桥，第十四军在黄沙河附近地区。

　　在转进的战斗中，各部队都有损失。又由于连日霪雨，道路泥泞，长途的奔驰，不免疲惫，必须给予休息的机会。尤其是部队的装备与战力，也同时需要及时补充。

　　进入广西后，我便集中致力于部队的整补。

　　我下令将湘西纵队撤销，编成一个团，拨补第七十一军，湖南保安第二师撤销，拨补第十四军，充实第六十二师的损失，派丁廉少将为第六十二师师长。

　　在全县，根据可靠的敌情报告，获悉林彪和刘伯承两军的主力将分由湘粤桂边区，进攻广西。因此，我们必须在湘粤桂边区的山岳地带迅速采取机动作战的策略，阻敌南进，以达到持久作战的目的。华中长官公署亦与我的观点相同，白长官于是针对当前的敌势，对全般作战计划，另作新的策定。

　　十一月廿三日，我召集各高级将领，就当前敌势及长官公署的作战计划，研究本兵团的作战行动，随即对各部队下达新的命令。


　　一、第九十七军仍以一个师占领谏山溪、炎井坳、七星桥各附近要点，另置一部于四板桥附近。主力占领富子塘、五里灰村、旧村、洲上村、西南高地以及唐家市、拓田村、亘苏家湾各附近之线，构筑工事，重点保持于湘桂路两侧地区。另派有力一部，扼守四所村要隘，掩护兵团右侧背。军指挥所驻兴安。

二、第七十一军之八十七师，仍留置于梅溪口附近，各以一部占领窑上村、黄沙滩、鼎锅岭、太平岩各要点。该军主力移大溶江以北地区，各以一部占领仙桥村、百胜村、军田、头包岭、大背江等附近地区要隘，主力于九用村、圹堡、营堡口、斧子口各附近地区占领阵地。军指挥所驻大溶江。

三、第十四军移驻灵川以西、潭市圩、九市圩间地区，担任我军阵地后之散敌清剿，并以一部维护灵川甘棠渡间公路与铁路之安全。

四、兵团指挥所在灵川。


这是本兵团担任湘桂边区山岳地带的守备情形。我于完成此次新的部署之后，在灵川召集师长以上的部队长及幕僚长举行会议。检讨转进战斗中的缺点，并就敌情，作深入的研判，对尔后任务上与行动上应采取的策略，提出讨论。尤其对于部队在精神、作战、补给三方面作极其详尽的指示。

我深刻了解，第一兵团所属各部队自长沙之变，到目前为止，一直是在艰苦中奋斗，无论装备、训练，以及后勤的供应，在在都有问题，特别是经过若干次突围转进，士气一项，更是不容忽视的一个严重问题。在这个苦难相乘、危机四伏的当口，官长的领导方法，显得十分重要。我认为要培养官兵间同生死共患难的意志，惟有彼此间建立起深厚的感情与信心。所以，我一再阐示三信心的道理和它的重要性。必须在此时把信仰、信任、互信的基础打好，才能凝结整体的战斗力量，也才能冲破险恶的困境！

此外，我也感到这一路转进以来，非但械弹不能供应，就是主食也无人过问，而部队的行动，又要争取时效，所以一般纪律，无形中失去了严格的要求。我虽尽量约束部属不得苛扰民间，但一日三餐之所需，势非就地采办不可，这是使我最困扰的事。

我指挥第一兵团这支部队，可以说是"策疲乏之军"。而其任务，真可以说是"御方张之寇"。不设法提振士气，不设法讲求纪律，则兵心涣散，而民心亦去，局面更难撑持。所幸各级部队长均能竭诚用命，紧紧地掌握自己的部队，没有忘记自己已置身在一个危险的支点上。

在衡、邵、武冈各战略要点的战斗，共军虽然节节进逼，但其伤亡亦相当重大，于十月上旬进抵湘桂边境后，即不敢贸然进攻，似在集结整补。因此，我们不但可以从容的整顿部队，也有时间作敌后活动的计划与准备。

衡邵撤退时，湖南"省政府"及湖南绥靖总部人员大部分随第一兵团转移至桂林，一部则由"民政厅长"朱久莹率领由芷江转移至贵阳。

此时，我将湖南境内的地方武力，编组为"人民反共自卫救国军"，其番号如下：

湘东地区：

南岳纵队左大凌部。

第一纵队霍鹏远部。

第一区纵队吴声镐部。

湘南地区：

第三纵队卢望屿部。

雪峰山纵队刘镇越部。

第六纵队陈光中部。

第七纵队蒋雪琴部。

第二区纵队陆瑞荣部。

第三区纵队武希良部。

第七纵队曹茂琮部。

核定欧冠为"湘南行署"主任兼"湘南人民反共自卫救国军"总指挥，陈渠珍为"湘西行署"主任兼"湘西人民反共自卫救国军"总指挥。同时与第十七兵团联系，在会同、绥宁、通道、靖县、锦屏，及湘黔边境，建立根据地。

为了适应战时需要与配合反攻军事，将省境内的党政军组织改为战时体制，"省府"决定设三个"行署"，除湘西、湘南两"行署"主任已派定外，另核定蒋伏生为"湘东行署"主任。"省府"与绥靖总部依照战时体制，予以缩小，"省府"则成立秘书处办公室，综理各厅处业务，暂随兵团行动，俟机进入湘西凤凰龙山间。

我的计划是希望把党政军的组织简化，使其构成为一个有机的整体，发动敌后游击战争，推行攻势政治，依本身力量的扩展，对敌进行广泛的组织战、思想战、经济战，以牵制敌军的行动。

不料，我的计划，刚刚拟定，黔东镇远，即告失守。兵团反面，另有紧急任务，除少数地方武力留驻原地从事敌后活动之外，其余则不得不随兵团行动，这一计划，也就无由实施，至今犹引为憾。

自黔边镇远失掉之后，敌军即有进攻广西意图，华中战区已面临到一个严重的考验阶段。原先固守广西以支援滇东的作战构想，此时也被迫作新的修正，以应付敌情的发展。

十月五日，华中长官公署白长官在桂林召开军事会议，主要讨论的问题，也就是针对当前敌情发展，策划我们在军事行动上所必须采取的方案。会议的主题，有两案：

第一案是向南行动，至钦州转运海南岛。

第二案是向西行动，转移至滇黔边境进入云南。

参加会议的有长官公署副长官李品仙、夏威、参谋长徐祖贻、副参谋长赖光大，第三兵团司令官张淦，第十兵团司令官徐启明，第十一兵团司令官鲁道源等。

我自转进到广西境内之后，对当前的敌军态势，即曾根据正确情报，不断作过研判。这时，华中地区林彪与刘伯承两方共有十九个军，为数在五十五万人以上，揣其攫夺湖南以后，其主力将分由湘粤边境进攻广西，企图吸引我军主力在广西战场决战，施其以大吃小的惯技。我华中战列部队的五个兵团，总计不过三十万人，部分且为新集，兵力战力，都比敌军要差。在战略态势上，敌军是外线作战，我军则是内线作战。

依照我对敌情的研判，再根据内线作战的指导原则与要领，我认为华中部队，在战略上应避免与敌在广西战场决战，必须争取时机，向黔滇边境逐次转移，以百色为前哨，昆明为后方，准备持久作战。在战术上，则应集中兵力，形成局部优势，捕捉战机，乘敌军分进之际，机动运用，将其各个击破，使敌军合击态势的包围无法形成，以大吃小的惯技无法施展。

同时，我又坚决认为，华中部队，进入黔滇，不但使西南的防卫力量增强，而且可以支援在川康的胡宗南部。我全部兵力，集中云南，固守滇黔山岳地带，有雄厚的兵力，凭借西南天险，战局前途，仍大有可为。如果华中部队向南转移，兵力分散，在转进的行动中可被优势共军合击包围，或者各个击破。即使我们的行动迅速，能在共军未完成包围之前到达钦州，而运输工具又能如时供应，可以转运到海南岛，然而大军局促在一个海岛上，琼岛海峡既非天堑，自不易发挥防卫固守的力量。两相权衡，向西行动比向南行动，对我们是绝对地利多害少。

我以上述理由，在会议中坦直陈词，力主向西行动，进入云南。和我持同一见解的只有李品仙副长官，其余在座的将领如夏威、张淦、徐启明诸人，都表示相反的意见，主张向南行动，转运海南岛。

经过了一场辩论，最后，白长官裁定第一案——向南行动。

军人以服从命令为天职，既经上级裁定，我只好奉之唯谨。

在向南转进的行动中，第一兵团奉令殿后，担任掩护。第三兵团、第十兵团、第十一兵团则兼程南进。

不幸这三个属于华中作战序列的战斗兵团，不但转运海南岛未成，而且大部分尚未到达钦州，即被共军包围，各个击破，以致全部覆没。只有我统率的第一兵团在东、南、北三面临敌，在前后左右无掩护无支援的状况下，孤军西进，最后因云南卢汉叛变，被迫进入越南。

平生自信尚能略明出处分际，也绝不愿意毁人以求誉己。然而这一场失败的战争，却留给我一个极其鲜明而且创痛的教训，使我益加体验到大将用兵，差以毫厘，失之千里。

十一月九日，贵阳方面，情况告急。第一兵团奉令向独山都匀方面集中，策应友军作战。上午我到兴安去视察第九十七军,下午到大溶江去视察第七十一军,并分别对两个军的官兵代表讲话,旨在安慰与鼓舞。我完全了解,在一个孤立无助的环境中,命令的尊严,固然重要,但在维护命令尊严的同时,长官对部属更需要随时贯注一种亲切的关怀,一种如待子弟一般的情感。

十一月十日,召集参谋会议,就敌情与任务,加以研判,并对部队在行动中的交通道路、搜索警戒、通信联络、集结位置等战备上的许多问题,仔细商讨。随即在灵川指挥所下达作战命令:

一、兵团奉令策应贵州方面友军之作战,先以有力一部取捷径向宜山、南丹急进,掩护兵团主力,在该方面集中。

二、各部队之行动:

(一)第一期:

1.第九十七军以暂一师留置一团于七星桥东西各要隘担任守备,该师主力即开兴安附近,接替三十三师防务,并归第七十一军熊军长指挥。该军三十三师于交防后,即由现地经灵川、义宁、百寿、长安、龙峰向宜山急进。军部率八十二师由现地沿桂黔公路向南丹急进。

2.第十四军率六十二师、六十三师沿桂黔公路向河池附近地区急进,该军第十师仍任桂林守备勤务。

3.兵团部沿桂黔公路于十一日到达桂林,十四日后移柳州,俟各部到达南丹地区后,即向宜山及河池跃进。

（二）第二期：

1.第二期各部队之行动,另令饬知。

2.第十四军之第十师及九十七军之暂一师,其进行部署,统归熊军长区处。

3.第七十一军八十七师留置一部扼守梅溪口东南各要隘,主力即移资源及其以南地区,担任大溶江守备。军部应于十一日先行移驻灵川,八十八师仍在现地服行原赋任务,候令行动,预定向怀远地区集结,掩护本兵团右侧背之安全。

（三）各部队之联络以无线电为主,有线电及传令为辅。

（四）各部队行进时,特须注意与兵团及友军间之联络及搜索警戒,并应维持纪律之严明。

（五）十日余在灵川指挥所,十一日在桂林,尔后向柳州、河池前进。


此外对补给地点、行军路线及里程等,亦经分别详细指示。

十三日,下令"省府",绥靖总部,及兵团部的后方人员,与第六十三师一八九团的一个营,归蒋副总司令指挥,由桂林出发，经柳州、南宁至百色待命。

部队行动部署既定，鉴于当前的局势，日趋严重，将来的处境，日益窘困，任务又特殊艰巨，部队逐次转战，装备亟待补充，若干属于湖南"省政府"的事务，也急需料理，而这些问题，在桂林都无法获得解决。于是，我决心趁此机会再到重庆去一次，亲谒总裁，请示机宜。

十一月十六日上午，由桂林搭乘保密局局长毛人凤将军的专机飞渝，十二时四十分抵达重庆市郊白市驿机场。下机后即偕毛局长赴林园晋谒总裁。

我向总裁报告衡邵转进中，第十四军损失一八四、一八五、一八七、一八九四个团，第七十一军损失二六三团，现以湖南保安第二师拨补第十四军，湘西纵队拨补第七十一军。

同时说明此次作战失利的原因：在湘西方面，我军由于行动太迟，待沅陵被敌突破深入辰溪后，再行调动，形成逐次使用，以致兵力分散，东、北、西三面都无法兼顾。衡穗方面，则由于战略上决策太迟，如决定坚守广州，早应放弃衡邵，华中兵力只需一部守备湘桂边境，大部可转用于广东。如决心坚守西南，则广州不必设防，可集中兵力于西南地区，缩短战线，整顿态势。

此外并且报告本兵团现在的任务，正奉令掩护桂林与驰援黔东。

十七日晋见"行政院"阎院长、"国防部"顾参谋总长，分别报告转进经过及部队任务。并当面提出报告两件：

第一是请免除"湖南省政府委员兼主席"的职务，以便专心注意军事。

第二是请将欠发湖南的保安经费与政务经费归垫，并要求拨发部队犒赏金及补充武器弹药，空运柳州就地装备。

十八日在重庆湖南省银行约集湖南在渝的"立监委员"、"国大代表"、"省参议员"举行茶会。就长沙变乱以后，接任省府主席及播迁经过，作详细的报告。同时说明回湘以后，财政困难万分，已到罗掘俱穷的地步，自就职以至撤离湖南，未向本省人民取过一分一文，所有省府一切行政费用，都是在中央颁发的军费项下挪用。目前大局艰苦，个人义无反顾地愿意牺牲一切，但部队需要精神上及物质上的双重支援，吁请全力协助，共同来争取回乡的机会。

二十日再度晋见顾总长，签保胡松林为新编第一军军长，刘多勋、杨勋、潘厚昆、王光业等四员为师长。并请求将暂编第一军列入第一兵团的指挥序列，受我的指挥。

我原来计划在廿二日即回柳州防地，后因空军的飞机，任务太繁，延到廿七日始匆匆返防。先飞南宁，再回柳州指挥所。

我的前线指挥所，于十一月十八日进抵柳州。十九日第九十七军八十二师的二四六团到达南丹。

二十日第十四军的六十二师及六十三师到达雒容，第十师已离开桂林，正在南进。二十一日，第九十七军及八十二师的主力到达宜山，三十三师到达柳江，第十七兵团则到达独山以南地区。

这时，独山方面的共军，向南行动。桂北方面的共军，则由黄沙河攻向全县。战争的序幕，又已揭开。

我的部署是第七十一军在沙浦、柳城、罗城、天河、柳州、宜山一带阻敌南犯。第十四军进驻沙浦、柳城，以一部进驻大浦。第九十七军占领天河以北及三岔圩、罗城间地区，掩护柳州撤退。

二十四日，兵团指挥所移驻迁江。

二十五日，柳州失陷，第十四军的六十二师未及退出，全部损失。

南进的共军，其势甚锐，如果不在迁江北岸阻止其猛烈的攻势，则战局前途十分危险。于是我集中优势部队在迁江南岸，占领阵地，阻止共军，掩护物资渡河与南宁的撤退。

迁江又名红河，河幅虽不过一百五十公尺左右，但水深流急，不能徒涉，形成为一道天然障碍。我在此一面下令调整部队的作战任务，一面暂饬架设浮桥。

我的命令是：

第七十一军在石龙亘来宾之西约十华里沿红河南岸，

占领要点，筑工守备，主力保持于来宾附近。

　　交通警备司令（湘桂黔铁路护路司令，已奉令归我指挥）莫德容所部，东自鸡笼山西至横山沿红河南岸占领要点，筑工守备。

　　第九十七军于横山，迁江城区沿红河占领要点，筑工守备。

　　第十四军先在红河北岸地区，逐次阻敌南犯，掩护南岸部队及车辆物资渡河。

十一月三十日，我亲自到迁江北岸，视察第十四军防地。此时麇集在迁江北岸的汽车，蜿蜒约二十华里，恰似一条长龙，等待分批渡河南驶。而渡河拖船，一小时仅能拖运汽车四辆。我指示方副军长定凡，凡属械弹与药品的车，准予优先渡河，不能抢渡的车辆，候令一律焚烧。

　　十二月一日，南进的共军，向第十师阵地猛扑，左翼那棠圩、渡口，第九十七军的阵地，也同时遭受攻击。

　　十时左右，我赶到红河北岸，亲自督战，只见共军不断增援，一波方平一波又起，厮杀至为激烈。终因众寡悬殊，第十师的阵地被敌突破。我下达命令，焚毁汽车，部队转移阵地。在转移中，第十四军的直属部队在江的北岸，奋力作战，歼敌甚多，该军成军长于任务完结时渡河，不幸浮桥折断，险遭没顶。

十二时，我在车站附近指示第九十七军阻击任务时，共军的迫击炮弹，恰在我的身旁着落，幸未爆炸。

北岸的所有部队渡过迁江后，我即率指挥所人员，向宾阳转移。到达宾阳后，接第九十七军参谋长徐建斌电话，报告上林被敌两个师攻陷，三十三师葛师长下落不明。

十二月二日，兵团指挥所转移至八塘。下令第十四军守备昆仑关及思陇圩地区。第九十七军守备谭蓬屯以北及巷贤圩附近要点。

同日，接到第一〇〇军军长杜鼎电报，谓已与第十七兵团失去联络，奉白长官令归我指挥，该军现在周旋屯、拉号屯间地区。并报告共军卅八军一部，攻下东兰，一部向凤山，主力向万岗前进。请示其行动方针。

接到了这项电报之后，当即与成军长、何参谋长研判。我认为敌第三十八军既于十一月廿八日陷东兰与凤岗，计算时间与空间，将先我占领百色。为争取时间，当即电复杜军长，令其即向百色以东地区行动，渡过邕江，向南宁以南集结。

十二月三日上午八时，我下令第九十七军占领昆仑关要点，掩护兵团后退，第十四军在四塘与五塘之间，掩护第九十七军后退。同时，即率兵团指挥所转移至二塘。到达二塘之后，与白长官接通电话，报告本部行动状况。白长官在电话中指示第一兵团的行动方向，可自行斟酌情况决定。随后我到达南宁，得悉白长官已专机飞海南岛。当晚命令第六十三师的一八九团即晚渡河，在亭子圩以南四合圩以北宿营，第十四军于翌日渡河完毕，第十师在邕江南北岸，占领要点，掩护渡河。第九十七军指派掩护部队，破坏邕贵公路的桥梁及通信设备。命令下达后，分别电令第七十一军熊军长，及第一〇〇军杜军长，指示第七十一军应迅速渡过邕江，向龙州前进。指示第一〇〇军迅速钻隙至龙州，如不可能，则绕道入滇或转回湘桂从事敌后游击。

十二月四日清晨，我到码头去视察甫告完工的邕江浮桥。匆迫中搭建的浮桥，仅可供北岸的部队通过，其他辎重及物资，则因载重关系，不能向南疏运。在南岸堆积如山的物资，又因毗连南宁市区，不能付之一炬，以免波及民房，为之太息者久之。

下午一时，兵团指挥所转移到吴村圩，南宁于当日晚间陷落。

吴村圩是邕钦与邕镇的交岔点，北通南宁，南下钦州，西至镇南关。部队到达这里以后，可以说是到达了一个成败存亡的紧急关头。向南？向西？必须在这个最迫促的时间内作断然的决定。

遵照华中长官公署的作战部署，南下钦州呢？或是另辟途径挥军西上呢？我的脑子一直被这两个行动的方案所困扰。

根据敌情，东兰、万岗已于十一月二十八日陷敌，西进入滇的孔道——百色，敌已先我占领。而此时通过吴村圩的第十兵团及第十一兵团，还有随军撤退的大批难民，正朝南下钦州的公路上挤去。

我考虑到由广东西进的共军，可能已先我占领石浦、廉江，如果跟随他们一齐南下，中途势必遭受共军的侧击。如果单独西进，则势孤力薄，困难亦多。

于是召集了王天鸣、成刚、蒋伏生、何竹本、范湖等高级将领，审慎地作一番研究。对战争所特别要求的时空，精密地予以计算。一致认为西进尚有五天的时间，可以集结整理，到逼不得已时，还可转入桂越边境，行动上受约束的地方比较少。南下则至多只有三天的时间，大军与难民，集中钦州湾一隅之地，即使有足够的船只担任转运，必无此充裕的时间，而部队与物资之杂与多，一旦遭受共军突击，战则系统紊乱，退则背临大海，必将陷入绝境，束手待俘，此为意料中之事。

综合各人所提供的意见，复经我仔细审度其利害，乃决心西进。经绥禄、思乐，向明江转移。

行动的方向既经决定，随即下令第七十一军熊军长，务必于两日以内通过邕钦公路，向绥禄前进。下令第九十七军蒋军长应竭力拒阻共军于邕江北岸，需待第七十一军通过邕钦公路后，始脱离敌人，并于命令中规定，十二月六日正午以前，须保有吴村圩以北地区，尔后再向绥禄以西地区转移。下令第十四军成军长于五日早晨出发，第十师于中午出发，向中和乡附近前进,并对苏彝乡方面严密戒备,直接掩护兵团主力的安全。

十二月五日,兵团指挥所转移至绥禄。在行经吴村圩公路后侧时,当面指示第九十七军蒋军长,嘱其务必在吴村圩以北地区竭力支持,掩护第七十一军通过邕钦公路后,再向绥禄逐次撤退。指示华中序列的秦师长,务必在狮子口以北地区竭力支持,掩护蒋军长占领阵地后,再循邕钦公路向钦州归建。同时指示第十四军成军长在三圩宿营,向东戒备。

午后二时,接熊军长无线电话,报告第七十一军现在哪路,晚间可抵新圩,沿途遭遇土共,行动常受牵制,明日恐不能通过邕钦公路,请路北部队竭力掩护。我回答他,公路以北的部队,已下令竭力在支持,但恐共军压力太大,行动务求迅速,不得已时,可向南绕道。随即再将第七十一军的情形转知蒋军长,指示其掩护第七十一军通过邕钦公路后,与其并肩西进。

第七十一军自十一月二十三日在桂林撤退,通过永福,向南转进,因行动迟延一日,未能跟上兵团,以后便是侧敌行进,处处要遭受危害与拘束。该军于十二月四日在永淳渡过邕江,五日到达新圩,即与我失去联络。我坐在电台工作室,静待该军的消息,彻夜未眠,心情十分焦灼。就状况判断,该军既于五日晚间失去联络,很可能在新圩以西、吴村圩以东地区被围。我曾经下令第九十七军在吴村圩以北支持到十二月七日拂晓，不料因共军压力太大，六日清晨即已撤至绥禄，态势转变，原有的部署，也随之动摇。第七十一军即使幸免被敌包围，也会因连日奔驰，行动受到阻碍。

六日，我得到消息，第七十一军于上思以东地区，被敌截击，全部牺牲，军长熊新民被俘。这一事实给予我最惨痛的教训，战机的得失，往往决定在最后五分钟，而严酷的考验，也正在这种紧迫的关头。尤其使我体认出重视命令，协调合作，是危难中最不可缺少的条件。

十二月六日，下令第十四军在绥禄以北地区，占领要点，竭力支持到八日拂晓，再逐次向思乐转进。下午四时，兵团指挥所转移到思乐。

十二月七日，下令第十四军占领思乐东北地区要点，阻敌西进，竭力支持到十日拂晓。下令第九十七军向龙州以东地区集结。

七日下午四时，与白长官接通无线电话。八日，兵团指挥所转移明江。接到白长官指示两点：

一、进犯之敌，先头已到达钦州，大洞圩，吴村圩，现续西犯，企图于十万大山南北地区包围我军，强迫决战。

为保有反攻大陆基地，暂避决战，各部立即轻装分散，机动出击，待机反攻。我已通过邕钦公路之部队第一兵团立即转入左江以北及右江地区。第十兵团立即转入十万大山南北地区，从事敌后游击。

二、为适应当前情况，各部队应力求避战，保存实力，各自选择适当地区，以安全为第一。

奉到上项电示后，我即刻往访广西全边对汛督办兼龙靖清剿指挥官姚槐中将，得悉明江以北的雷平、养利、镇结、向都、天保、靖西、镇边诸县，均为冈陵重叠的石山区，有险可恃，而山区内粮食又甚丰富，对东北守备容易，本兵团似可向该地区集结。可是这一方案，又因时间过于匆迫，不能采行。

吴村圩那个交岔路口的决定，总算使兵团的主力得以保全。而瞬息万变的情势，使我再度面临危难的关头，如何去克服这重重的危难，又将费尽苦心。


# 假道入越


此刻，我真进入到一个十分束手的境界。根据正确的情报，华中战场的第三兵团、第十兵团、第十一兵团三个实力雄厚的战斗兵团，在南下钦州途中，已被共军截击，全部覆没。第十七兵团仅剩下第一〇〇军一个军，该军于十二月一日进抵桂北甲旋屯、拉号屯向南行动，始终未能靠近本兵团，其后向西南转进，经八果旧州，到达桂越边境的平孟隘、水口关，最后在平而关被共军与越共南北夹击，全部牺牲，第十七兵团司令官刘嘉树中将同时被俘。本兵团所属的第七十一军也在不久之前被敌击溃，第十四军与第九十七军，自衡邵转战到现在，喘息未停，估计能担负作战任务的兵员，不到两万。而此时共军东自绥禄，北自雷平，西自宁明，分三路组成快速纵队向本兵团进逼。据获自共军的消息，非在这三角地带把我消灭不可。就敌我态势而论，已无法再与共军胶着作战，必须争取时间，迅速脱离战场。不幸，又在十二月八日得到卢汉在昆明投共的确讯，入滇之望，顿告幻灭。何去何从？真使人忧心如捣！

正在焦心苦思之际，忽然接到东南军政长官陈诚上将一封电报：

> 贵部行动目标，未知白长官有无计划与指示？弟意贵部如出北海防城，照目前匪情，恐于事实上难以达到。不如并力西进，先行入安南，保有根据地，然后相机行事，留越转台，皆可自卫。未知兄意如何？

在进既不能，退亦不可的状况下，由于陈长官的提示，最后我只有决定转入越南边境的构想。于是，立刻召集各军师长及高级幕僚人员举行会谈。我就陈长官适才来电及白长官"力求避战，保存实力"的意旨，针对当面敌情，宣示部队行动方向的构想。

与会诸人一致认为：昆明投敌，西进之路已断。如转入广西左江右江地区，从事敌后游击，难得地利，且部队转战之日太久，迄未经过整补，难以克服新环境中的许多困难，同时在化整为零，化零为整的游击战术原则之下，以广西边区民众的生活习性特殊，语言隔阂，不易得到其支持与掩护，其中最值得顾虑的一点，乃是粮食与械弹的无法补充。为保存华中战区此一部仅存的实力，大家都主张假道入越，转回台湾。

最后，我裁定了"假道入越，转回台湾"这一方案。

行动的方案一经决定，即刻发出了两通电报及一封致法国驻越高级专员的备忘录。

一、致陈长官：

本部各军，自衡邵转战以来，伤亡惨重，现已转进至思乐、明江地区。奉白长官指示应力求避战，保存实力，自选适当地区，以安全为第一。惟以官兵大多为客籍，言语隔阂，地形生疏，且桂境遍地皆匪，民众多已趋附，再以地属边陲，土瘠民贫，不独行动维艰，补给尤难供应。拟遵钧座电示，并力西进，但事关外交，乞先通知法越政府予以谅解，俾便尔后行动。

二、致白长官：

"匪军"主力西犯，另一股正向雷平急进，本部如遵令转入左江北岸游击，依目前情况，恐不可能。顷接陈长官来电，表示如能并力西进，先行入越南，留越转台，皆可自卫。此意正与钧座保存实力之意旨相符。本部行动目标自以采此方案为最适宜。

致法国驻越高级专员备忘录：

本兵团为维护国家民族之独立自主，与世界人类之和平自由，与中共"匪军"作战经年，惟因一时失利，现已集结于中越边境。为尊重贵国主权，恪守国际公法，已训令所属官兵，不得擅自越境，或有滋扰情事。本司令官为保存现有实力，待机反攻，决定假道海防，转运台湾。因时机迫切，除呈报本国政府向贵国政府正式交涉之外，特先派外事处长毛起鹏前来，承洽假道手续。敬祈秉中法亲善友谊及维护自由之共同立场，惠允所请。

随即下令第十四军向长宁村峙浪街集结，第九十七军向下石圩以南上石圩以东地区集结，作假道前之行动部署。

十二月九日上午八时，派毛起鹏处长携带致法驻越高级专员的备忘录随蒋伏生中将先行向爱店出发，和法方洽商假道事宜。当晚十一时，接第十四军军长成刚中将电话，谓西进共军，正向明江进击。于是，我即下令兵团指挥所人员与部队，立刻行动，以木舟轮流渡过明江河，午夜四时抵洞夏宿营。在洞夏与第十四军联络，责令成军长守备长桥以南要点，对思乐方面严密警戒。

十二月十一日下午二时，兵团指挥所转移至爱店，按照预定计划，将由此处进入越境。甫抵爱店，即接成军长电报，据称：由明江南进之敌，于十一日午间与龙州督办姚槐所部在长桥附近接战，为策兵团安全，已派第六十三师进驻吞岩、板芋、那蓬一带，占领阵地，对思乐方面警戒；第十师南撤长桥至洞浪村以北地区，阻敌南犯。

我预计只要在两天之内，假道事宜能获得协议，则保存这部反共实力，似乎没有多大的困难。

十二月十二日上午八时，毛处长起鹏回部报告有关与法方边防军初步协议的假道事宜。其协议的内容如下：

一、同意派参谋长何竹本，外事处长毛起鹏赴谅山、河内或西贡，专送文书与接谈。

二、假道海防转回台湾一节，同意分为五百人一组，在指定地点将武器交付封存，由法方护送至码头。关于所经路线，由法军负责一切安全，我方保证军纪严明，并由我方军官带队。

三、粮食由法方补给至离越时为止。

四、银洋问题，到河内再商谈合理兑换办法。

五、凡国民党军队及中国地方保安团队，均由黄司令官节制。

六、准备先行开放谅山，让眷属五百人进入，由法方负责给养。

上述各项，经研究后，认为可行，乃于下午三时派何参谋长及毛处长再度赴崎马屯与法驻谅山边防军司令康士登上校就上项协议签字，成为双方认定的有效公文书。并指示何参谋长等于签字后即赴谅山转河内，续商假道中每项技术问题。

入越假道，既已初步获得了协议，于是我下令第十四军由洞浪街，第九十七军由石下圩，逐次掩护，向爱店集结。并规定各部队造具人员编组名册，及各种械弹器材统计表，准备在最短期间内开始行动。

随即，我亲自草拟电文，分呈总裁暨东南军政长官陈上将，报告部队已进抵桂越边境，并向法方取得协议，将假道海防转回台湾，请求迅派船舰接运。

我想到假道之前，各方面都必须作详细的计划和充分的准备，如人员的编组，武器的交付，行军路线，补给卫生，纠察警戒，码头设施及乘船区分等，因此我督饬参谋部门加紧工作，务期提早完成各项准备。

原来，我预定将各部队集结在爱店附近，俟何参谋长在河内与法方商洽得到具体办法后再开始行动。不料由明江宁明方面进击的共军，攻势至为猛烈，十二日晚至十三日清晨，第十四军的六十三师在吞岩、板芋一带与敌激战，势难久支，第十师在洞浪街以北，第九十七军的三十三师及二四六团在爱店以北，都与共军发生接触。第九十七军副军长郭文灿少将及参谋长伍国光少将不幸被俘，情况紧急，以致准备工作无法及时完成，不得已于十二月十三日上午八时即开始入越行动。

在掩护的行动中第十四军的第十师表现了极其沉着的精神。当共军快速纵队进逼至爱店附近时，该师官兵，奋力抵抗，掩护全部人员进入越南后，始安全撤离阵地。

爱店与峙马屯，为桂越边境南北对峙的两个高地，相距约五百公尺。爱店位于我桂南边境，有一小市集，商店数十家，龙州督办公署，即设置在此。峙马屯位于越北边境，有碉堡数座，法军没有戍防所。两点之间，有隘谷一条，天然成为中越的国境线。

我于十二月十三日上午九时，率兵团指挥所第三组官兵步下爱店市街，只要向前再走五分钟，便离开了大陆上最后一寸土，我对这里的一草一木，都感到分外亲切，一种依依不舍之情，泛起在我的心头。

我是军人，军人的天职，是寸土必争，如今在艰苦的斗争场合中败下阵来，有什么理由把责任诿卸？因此我的心境，既惭愧，又悲愤，更有无尽的迷惘与痛苦。我揉杂着这些复杂的感伤，一步步地向峙马屯的关卡走去。当我不时回头远望爱店那边的丛林与青山时，我坚定地告诉随从的人员说："我们一定要再打回来！"

各部队向法方交付武器器材，原定的计划是凭表报数字，一一点交，并取回收据。可是在十一时许，共军已逐步进逼爱店，进占爱店西北两个高地，火力可以封锁我们向峙马屯前进的出路，各部队官兵，于进至峙马屯时，没有余裕的时间，可以办理点交手续，而法军也为准备应付共军跟进的行动，集中力量在从事警戒任务，以致没有取回收据。

出了爱店，由峙马屯向南行，有公路直达谅山。部队五百人一组分组进入越境之后，沿公路前进，两旁全是茂密的森林，每行三四里，就可见到法军设防的部队和装甲车。我们的行列很整齐，在整齐的行列后面，许多断臂、跛足、缺手、残腿的荣军，和一些须发俱白的义民，多半是北方人，他们不辞跋涉之苦，为的是免于"共匪奴役"，其志其节，极为感人。

下午八时，我到达禄平，随后部队也陆续而来，今晚就在此地宿营，给养开始由法方负责补给。

晚间，分别电告总裁、陈长官及顾总长，报告已经进入越境，部队正集结禄平宿营，预定本月廿日以前可达海防，请求及时派船舰接运。

部队在法军指定的场地里埋锅造饭，星星的火堆，幌幌的人影，为这越北小城，增添热闹。官兵们可以在此安睡一宵，数月以来的长途奔波，实在是太辛苦了！

我暂时在一所小学的教室里休息，等待去河内交涉的何参谋长归来。

我心中暗自盘算，尽多一个星期，我们就可回到台湾，重新投入战斗的行列，正绽出一丝喜悦的情绪，忽地我感悟到今天是十二月十三日，西方人最忌讳这个数字，憬悟自己所肩负的责任，又猛然为这个日子产生一种不祥的预感。

晚间七时左右，法方一尉级军官驱车请见，说是奉到谅山边防军司令部的指示，请我到谅山一行，并说明天早晨就可回到部队的宿营地。我认为法方在禄平没有高级负责军官，以后部队行动，需待商谈的问题颇多，何参谋长等去河内，尚未归来，我亲自往谅山与法方边防军司令官当面商谈，更可直接解决许多实际问题。于是携带简单的行李，率随员一名，乘法方军车启程，一小时后到达谅山，始发现何参谋长等仍滞留谅山未动。我到达之后，因天色已晚，法方派军官阿麦勒上尉接待，安置我们住在一家民房内。

谅山在越南北部是一座比较重要的都市，北通广西南宁，南至河内，有公路与铁路。目前因受胡志明领导的越南民主同盟肆意破坏，已不通车。此地也在风鹤声中，紧张度日，在状似安定背后，隐现出一片恐怖与肃杀的战时气氛。

翌日上午九时，阿麦勒上尉陪同我与何参谋长等访晤法驻谅山边防军司令韦加尔上校。我直接地提出我军接运上船的一些问题，请其答复，但韦加尔上校只是支吾其词，答非所问，我想到也许是因为他的职务不同，不能答复职权以外的问题。于是，我决心去河内一行，探其究竟，乃嘱何参谋长即返禄平，后因法方派不出交通工具，我们都在谅山耽搁两天。

十五日，阿麦勒上尉来告，谓在禄平宿营的我军部队，已由法方派出汽车一百五十辆，运送到那丁。但往后我得知法方车队仅是收容沿途落伍的伤病官兵及眷属妇孺，部队仍是徒步行进。

在谅山停留时，我曾以何参谋长名义，向法方边防军参谋长康士登上校提出一件备忘录，洽询的内容是：

一、我军何时可撤离越境？此问题在谅山能否解决？抑须至河内解决？

二、需用船只，贵方可否派出？

三、根据双方在峙马屯的协定，军用无线电机，希望能即刻发还。

四、黄将军希望交付贵方的武器，能在离埠时发还。

五、我军上船后的给养，贵方是否可以补给？

六、我们不便在此久留，请派车送至天安。

不久，即得到康士登上校的答复：

一、运输船只、武器、通信器材等问题，须至河内才可解决。

二、明日可能派飞机送黄将军赴河内。

十六日，法方转来兵团副参谋长范湖少将电报一件，报告部队已由定那抵天安，等候我的命令开拔。十二时偕同何参谋长等乘法方专机由谅山飞河内，十二时五十分到达。

河内是越南北部最大的城市，也是北圻的政治中心，位于红河下游，为一广阔的平原地带，盛产谷米，交通也极方便，北到谅山，南达海防，均有公路铁路，其中滇越铁路，可通我国云南的昆明。因法国殖民地当局善于经营，市区的建筑，带有浓厚的西洋色彩。法国驻越北专员公署，设在这里，我方也设有"总领事馆"，"总领事"为刘家驹同志。

专机抵达河内时，法方派有军官在机场照料，稍事休息，即驱车往访专员公署参谋长韦尔登上校其寓邸。首先，我对法军当局协助中国部队进入越境，表示谢意，继则提出部队转运台湾的许多问题，要求逐一作答。不料，韦尔登上校也和谅山边防军司令韦加尔上校一样避作正面答复，处处闪烁其词，只不断表示欢迎我来河内，一派空洞的外交口气，使我摸不到问题的重心。最后韦尔登上校以略带恐吓的口气对我说，河内潜伏的越盟分子很多，必须顾虑我的安全，法方在道义上应该尽到保护的责任，要求我在行动上务须保守秘密。这一毫无意义的会谈结束之后，专员公署的华务处长欧芝耶上尉送我到黄阿里文路二十五号去歇息。

黄阿里文路二十五号是座两层的西式洋楼，室内久已无人居住，四壁蛛丝尘网，显得异常冷落。不久法方搬来了被褥用具，同时进驻一班非洲黑兵，说是担任我的警卫，我忽然想到，从谅山到河内，和法方军官几度接触，他们都把问题的重心撇开，不由得不使我怀疑局势可能有变，蓦地在我心头抹上一层阴影，潜意识的反应，好像那班漆黑的非洲兵，就是失去自由的征候。到后来，我才了解我已真正失去了自由。黄阿里文路二十五号就是软禁我的地方，也是我生平开始尝到没有自由空气的地方。

十七日清晨，毛处长前来报告，谓昨晚曾与刘家驹"总领事"见面，得悉天安方面的部队与眷属，已开拔到鸿基。刘家驹并云，自我军进入越境后，共军在芒街附近集结三万余人，似有跟踪追击的可能。法方在越南的负责人，为恐共军进入越境，对中国军队的行动，不能作决定，正向巴黎请示，目前要按国际公法，把中国军队暂时软禁。

下午五时半，刘家驹来访，我告诉他：中国军队进入越境，事先在峙马屯与法方签有协定，获得法方在公文书上的同意，准许我们假道海防，转运台湾，并非单方面的行动。如果我不重视协定的要求，尽可武装入越，无须向法方交出武器，则我们大可以越南为退藏之地，对滇桂边境从事游击。刘家驹说:我军入越后,敌总理周恩来即向法方广播,责备越南的法军,不应准许我军入境,且大事恫吓,要法方负起战争的后果,巴黎方面,异常恐惧,因此才有软禁我军的举措。

这个不幸的消息,使我忧愤交并。法方竟如此不讲信义,违背双方的协定,以为软禁入越我军,就可缓和中共对越南的行动,真无异痴人说梦。然而,事态演变到这个地步,我个人的荣辱不足重视,甚至生命也可牺牲;但如何争取这几万人的出处前途,我有责任,也有义务,在此时此地,惟有尽量忍耐,化愤慨为冷静,勇敢地面对现实,来应付险恶的发展。

十二月十八日,我派毛起鹃处长赴西贡,洽询真实情形,而该员一去便无消息,每日除刘家驹来此坐谈片刻之外,整天都是房门深掩,彼此黯然相对,逆旅凄凉的滋味,随时都会触发内心的感伤。

此时,我最关心的是部队的行动,一个指挥官脱离了他的部队,正如一个母亲脱离她的孩子,真可说是神牵梦萦。此外,我的妻儿一直未随部队行动,现在也不知逃至何处?儿女私情,不禁怃然入怀。抚时感事,只有藉诗词来排遣心中的悒郁。下面两阕词便是被软禁在河内时所作。

#### 鹧　鸪　天

亿万生灵尽倒悬,神州无处不狼烟。谁知百阸千艰日,正是孤军出塞年。

栖异域，受熬煎，更多羁绪到吟边。海天春讯终将
到，励此精忠铁石坚。

### 锁 重 闱

初来异域，顿觉离奇。寄宿人空庭院，似侯门，深锁
重闱。蛛丝挂壁，堆尘满几，阴雨霏霏。了不知，南北与东
西。逐客今何似？底事教人迷。镇日里，重衾独拥，驹光
过隙，抽针自补衣。回想当年匹马，纵横河洛，时势岂全
非？！卷土重来当有日，狂澜待挽，舍我其谁。寄语深闺休
念，将息扶床幼女，切莫伤悲。曾记否？去年今日，汉皋聚
首，雪中呼炭醉醄醾。为道干戈犹未已，只恐误归期。关山
迢递夜何其。思量泪暗滋。

十二月二十一日，欧芝耶上尉偕同刘家驹前来黄阿里文
路二十五号，陪我往访法国驻越南北圻专员亚力山里将军，亚
力山里将军极其诚恳地告诉我，谓集中软禁中国入越军队，是
巴黎方面依照国际公法作的决定，请我暂时忍耐，并对我表示
歉意。

我知道集中软禁的决定，既然来自巴黎，驻越法方自无
权可以作其他改变。因此，我也没有向亚力山里将军申述转回
台湾的要求。仅就部队急待解决的一些事项，提出商讨。彼此
商讨的结果，决定：

一、人数太多，分区驻扎。

二、补给由法方负责。

三、警卫事宜，营区内由我方自行负责，营区外由法方担任。

四、法方决定派沙如上校负责处理法方对营区的事务。


最后，我对亚力山里将军严正地表示，我的部队，不能脱离我的掌握。因为他们只知道假道回台，并不了解入越后要遭受集中软禁，而失去了行动上的自由，假若我脱离了部队，这一批久经战阵的中国官兵，无人节制，必将产生恶劣后果，增加法方许多麻烦，希望能让我即刻转赴鸿基，视察部队。亚力山里答应了我的要求，说日内即可成行。

今天是农历十一月初二日，为我四十八岁的生辰，一早起来，何参谋长等向我祝贺，恭立在一旁默然无语。我看他们凄苦的表情，心境也为之沉郁，一番感触，悲从中来，呜咽不已！

二十二日上午八时，欧芝耶上尉来访，陪同我与何参谋长等至专员公署，会同沙如上校乘车赴海防。

在河内盘桓已一周，这一周以来，我真感觉到是度日如年，漫长而且凄苦！

十二月廿二日下午二时，我们一行抵达海防，法方预先租定了奔埠街商务酒店为我下榻之所。

海防是北圻的商业中心，为东南亚的一个自由港，虽然外表尚称平静，但留心观察，则可看出隐藏着的战争危机。

二十三日上午八时，沙如上校陪同我乘专轮赴宫门，汽轮沿着海岸驶去，驶到亚龙湾，使我为之惊奇不置。这个海湾绵亘数十里，岩石壁立，形势险要，几如置身八阵图中。出亚龙湾，一路沙鸟、风帆、烟波、渔唱，在平时这是一次游目骋怀的旅行，而此际百忧撄心，说什么也解不开我心头的重缚。下午四时，到达了宫门。

宫门位于南海之滨，是煤矿区的一个小市镇，越南北部的产煤量，名闻远东，这小市镇便是煤斤外运的基点。此地也有华侨，大都经营商业。宫门码头，设备完善，万吨以上的巨轮，可以进出自如。

法军指定宫门北面的蒙阳与西面来姆法郎为我军两个集中区域，自十二月十七日以后，入越的部队，分别向这两个地方集中，我则被指定留驻宫门。

蒙阳三面环山，一面临海，系属低洼盆地，原来也是煤区，建有房屋。二次世界大战时，被盟军的飞机全部炸毁，采煤的重心移至附近的鸿基与锦普，此地遂无人重视，荒烟蔓草之中，尽是一些残砖破瓦，显得苍凉满目，第一兵团所属各部队即被法方指定集中在此。

假道入越　　**57**

部队到达蒙阳之后，即逢越北的雨季，霪雨连绵，半月不开，两万多人不分男女老幼，都拥塞在这块狭窄的废墟上，接受残酷的煎熬，大家比肩接踵，利用仅存的被单、麻袋和一些竹枝野草，支架小棚，聊以遮蔽风雨。

至于饮食方面，法方所发的主副食，以格兰姆为单位，每人每天只发食米四百五十个格兰姆和少许腐臭的干鱼。四百五十个格兰姆，合中国秤不到十六两，只可做两顿稀饭。又因为缺乏淡水，汲取海叉里的水来烧饭，苦涩难以下咽。这样的生活，真把我们带到了"穴居野处，茹毛饮血"的原始时代。

其次，衣的方面，入越之际，正值残冬，部队转战万里，所有团体与个人的被服装具，几损失殆尽。越北的气候，此时有如长江流域的深秋，早晚寒意甚浓，没有御寒的衣服，大家乃摘取树皮茆草作围裙，或者烧火取暖，坐以达旦。因此病患的人数激增，又不能作有效的救治，眼见其由轻病变成重病，由重病趋于死亡，隔河小山上不断增添新冢，望之心酸！

此外，在行的方面，那更是限制得不敢越"雷池一步"，法军在营区四周，敷设铁丝网，交通道路的进出口，配置岗哨，法国雇佣兵不断在营区内逡巡，越出广场，即有被射杀的危险。就是粪便的排泄，也不准远离广场，以致遍地污秽不堪。法军还一再借口检查武器，对营区官兵，甚至妇女，进行严格的个别搜查，所有随身携带的钢笔，手表，银洋，手电筒等均被强制没收，引起官兵们极大的愤恨与反感。

来姆法郎，也是越北的煤矿区，位于宫门以西。华中长官公署所属第十、第十一两个兵团有部分官兵在钦州被敌截击后，跟随第一兵团入越，另有少数粤桂地方保安团队，也自动跟进，总计约有万余人，法方指定集中在此，依山设营。地理环境，比蒙阳要好些，但官兵一般生活状况，则与蒙阳无异。

我于十二月二十三日到达宫门时，即偕同何参谋长竹本及法方沙如上校，前往蒙阳营区视察。我自得到集中软禁的消息后，只意料到必将遭遇不少的困难与阻碍，对法方如此苛酷的虐待，却在我意料之外。

当我的车子停在营区的外面，一步一步踏进那脏乱的广场时，官兵们见到了我，一种又悲又喜的情景，真有如失散的孤儿，骤然碰上了亲人，顿时爆发出一片哭声，震撼了营区每个角落。那沉痛而感伤的场面，至今犹烙在我的心窍，将永不能忘。这时，我对他们安慰与劳问，竟无法从口中说出，我也被痛苦的感情所刺伤，盈眶的热泪，掩盖了我的千言万语。为了避免彼此间感情的过度哀伤，绕场一匝之后，即折返宫门。

二十四日上午，率何参谋长及范副参谋长访晤法方负责人沙如上校，当面致送第一号备忘录。其内容如下：

十二月廿三日下午五时，本人与阁下同赴蒙阳，视察本军集中营，兹将亲自所见及根据下级报告，提出下列几项问题，请贵方即予改善。

1.贵方对集中营官兵的态度

本军此次进入越南，曾与贵方在峙马屯签有假道协定，根据协定的要求，将武器交付贵方，分批入境，遵守秩序。但自入境之后，贵方官兵或因不明协定内容，处处表现不礼貌之态度，使我军官兵反感极深，应请即予改善，免酿事端。

2.营区警卫问题

贵方负有保护集中营官兵安全之责，四周设置警戒，自无异议。惟在河内时，亚力山里将军同意中国营区外围警戒由贵方负责，内部管理则由我方自行负责，并同意发还少数武器交我方使用。本人提出此项要求时，阁下亦曾在座，即请履行亚力山里将军之承诺。

3.营房改善问题

现在我军官兵，全部露宿荒野，又逢连日天雨，地面潮湿泥泞，病患死亡，日见增多，如此待遇，形同虐待，实有违贵国立国精神，即请速将蒙阳官兵另迁集中之地，如无法迁移，亦应将蒙阳集中区域扩大，准许我方自建营舍。目前集中在此之官兵有两万余人，其杂沓拥挤之状，为阁下所亲见，立予改善，实为迫切紧要之事。

4.营养改良问题

目前贵方每日仅发给每人大米四百五十格兰姆，每十人发牛肉罐头一件，分量实嫌过少，如此以往，营区官兵必将因营养不良而罹患疾病，甚至死亡。要求阁下立即增加给养，至少应发给每人每日大米一公斤，青菜一磅，及必需之油盐肉类等。

5.饮水问题

蒙阳附近缺乏淡水，我军官兵汲取海水饮用，实有碍卫生，请按日车送淡水至少四万公升至营区。

6.部队与眷属难民分驻问题

为便于管理，营区内之眷属与难民，必须另外集中，不能与部队混杂同住，请阁下即予照办。

7.医疗卫生问题

营区伤病官兵，任其置身于潮湿地下，迄未作有效治疗，言之至为痛心。营区之环境卫生，亦因贵方对官兵之行动限制过苛，粪便四积，请即予改善。

这份备忘录所提的七项问题，是当时最迫切而急须解决的实际问题，由于我的态度非常严正，法方也逐渐感到必须加以重视，当天我就收到了沙如上校的书面答复：

1.法方官兵的态度，已下令改善，将中国士兵与法国士兵分开，中国军驻内围，法军驻外围。但法方医护人员，为服行勤务，应请准许其入内围。此外即本人欲至营区巡视,亦须先通知将军或贵方高级军官。法方其他人员因事入营者,须由本人签发许可证,但营内官兵,须严守纪律秩序。

2.关于发还少数武器一节,必须请示上级决定。但本人认为对营区外围之警戒,如贵方能负起守备责任,同意发还步枪二百五十支、冲锋枪二十五支,在遭受袭击时,法方仍予协助。

3.迁移驻地,事实上不可能。只能由贵方自建营舍,将拨发刀斧等工具,砍伐山中竹木。营房地点与图样,请贵方指派军官与法方军官研究决定。将来留出空地,在营房中央,建筑运动场所。

4.依照国际公法,被软禁人员与本国士兵之给养取平等待遇。每人每日食米半公斤,咸鱼二公两(或肉一公两),油二公两半,盐两公钱,蔬菜则须视购买情形供应,贵方所需薪柴,请自行就近采办。

5.请利用深山谷隘中流下之淡水,以备洗濯之用,法方将按日车送之淡水,则专供饮用。

6.医疗卫生方面,正与医官研究中。贵方所需洗澡盆具,似可用汽油空桶截半为之。

7.眷属难民与部队分住,表示同意。


沙如上校对我所提七项问题,逐一作答,我感到满意。

我们既然遭受了这个集中软禁的厄运，只能静以待变，首先我要想办法逐渐改善官兵们的生活，使他们不安的情绪趋于稳定，然后再来逐步解决隐藏在后或者横亘在前的许许多多属于内部和外面的复杂问题。我已负起了这副沉重的担子，不管步向光明的前途，是如何险巇，如何遥远，我感到义命之所在，无所逃于天地之间。因此，我一再地提醒自己，在精神上绝不容许有一丝一毫的松弛。

　　部队分驻在蒙阳与来姆法郎两地，开始我们忍辱含恨的集中营生活。

　　十二月二十三日，我由海防到达宫门以后，法方指定我非得许可不能离开此地，于是我就借住在宫门的中华小学，我的参谋和卫士，住在楼下，我独自占着楼房的一角。自回湘主政，率军转战，直到现在，将近半年以来，全在纷乱紧张中打发，我的心灵也和我的身体一样，过分地感到疲惫，需要静静地休养。宫门这个恬静的小城算来是一个比较适宜休养的环境，可是，我系念着几万袍泽的前途，也牵挂着国家的处境，还有大陆的"沉沦"，妻儿的离散，这些羁恨别愁，萦绕着我受创的灵魂，静中的岁月，反而使我感到无言的痛苦，尤其是那种寄人篱下的滋味，残酷而无情地啃蚀着。偶然记起辛稼轩"闲愁最苦，休去倚危栏，斜阳正在烟柳断肠处"的句子，怡人烟柳，令人魂伤。

　　人生最值得珍视的是自由，而今天我们竟平白的失去了自由，简直就像生活在火山的边缘，更像是走失在无垠的荒漠，迫切地期待着援救，也迫切地期待着发现一丛郁郁的绿洲。

在宫门这幽静的小楼上，自朝至暮，我寄出了无数的希望，也咽下了无数的忧伤。下面是我在宫门作的一些诗词。

### 南 歌 子

无际天边月，风开岭上梅。悄无人处独低徊。冷落清光和露湿阶苔。

忽又伤离别，频闻腊鼓催。泪先樽酒入孤杯。多少新愁都向醉中来。

### 宫 门 除 夕

海天休问近如何？佳节谁教客里过。两鬓真如春后草，今年翻比去年多。

### 春 怀

浩浩风波动客魂。漫劳诗酒与谁论。不知离恨添多少，自到春来懒出门。

在漫漫长夜之中，徒然感叹忧伤，绝对无济于事。此时，我开始孕育一个向往，也肯定这次不幸的遭遇，正是大时代给予我们动心忍性的一次磨炼，我们要用自己的毅力与信心，来灌溉这个向往。所以,虽然是苦闷重重,却从未气馁。

宫门的侨胞,知道我住在这里,不时前来嘘寒问暖,对我的部队也发起了慰劳的举动,使人分外感到胞爱的温暖。

我到宫门以后,即特加重视蒙阳与来姆法郎两个营区的环境和秩序,一方面不断向法方提出交涉,要求改善,一方面则着手于内部的整顿。

这时,营区的范围扩大了,自建营房的工作,也正在进行。另外组织补给委员会,负责向法方领发给养,设立联合诊所,医疗伤患,开办合作社,供应日用品,编组纠察队,维持秩序,渐渐地把一切都纳入了正轨。同时,我又规定凡属对法方的外交事务,由我亲自处理,蒙阳与来姆法郎两个营区的一般行政业务,初期派本部副参谋长范湖少将与桂西师管区司令李绳武少将分别负责。

法方对营区的负责人沙如上校,原本是北圻专员公署的副司令,现在奉调为宫门警备司令,这位断了一支右臂的法国上校,曾经参加过两次世界大战,也作过纳粹的阶下囚,但作事倒也刚直而富热情,或许是他曾经失去过自由的原故,表现的作风,比往后几位继任者要通情达理,由于沙如上校的协助,两个营区的房屋,在一九五○年元月五日以前,即已初步完成。虽然限于地区的狭窄及材料缺乏,但在有计划的建筑下,数以千计的竹篱茅舍,一栋栋地造成,而且井然有序,使荒芜的废墟,一时之间,变为鳞次栉比的连营。

后来官兵们胼手胝足建造的房屋，因间隔距离太近，不幸连续遭遇两次回禄之灾，一次是元月二十八日，一次是二月三日，蒙阳营区几乎全部付之一炬。接着大家又重建起来，新的营舍比以前更为精致合用，中国军人的克难精神，赢得了法方人士惊异的赞赏。这种伟大的克难创造精神，一直保持到富国岛，也一直保持到返回台湾。

我要特别一提各部队营建工作的艰困情形。当时法方发给的刀斧工具，为数太少，于是大家找来一些废铁轨，磨成斫刀，把罐头上的铁皮，改造成为锯子，大家上山刈草伐木，不辞辛劳，我们最感困难的住的问题，乃迎刃而解。使我相信万能的双手，只要肯用，披荆斩棘，何事不可为。看到那些平地矗立起来的营舍，我的信心，愈加强固！

住的问题，算是解决了。然而外来的压力和内部的浮动，却不断地涌来，苦难的磨炼，好像是永远跟随我们，一步也不肯放松！


# 羁　困


一九五〇年元月间，法国驻越南高级专员比容偕同军队总司令加班节中将曾先后到过蒙阳与来姆法郎两个营区。比容先生是法国在越南的最高行政首长，加班节中将则为军方的统帅。这时，两个营区的营房，已经初步建筑完成，我为了要使这两位法国官员了解我们这支部队并非"国际难民",更不是乌合之众,在他们到达时派出了乐队和仪队,以军礼相迎。比容先生和加班节中将都表示出人意表,否定了他们过去的想像,连连称赞这是一支节制之师,一支有组织、有纪律的军队。

当他们检阅过部队之后,比容、加班节和我曾在一个小山上作过一次详谈。我谈话的要点,全部集中在改善营区生活的上面,例如增加官兵的主食,放宽行动的限制等,或多或少都获得了答复。

忽然,比容先生很严肃地问我:"假如毛泽东要求巴黎把你们遣回中国大陆,你和你的部下会愿意吗?"

我毫不思索地指着山下白浪滔天的大海,回答他:"如果真的有这回事,我第一个跳下大海,接着我的部下那三万多集中营的官兵会跟着我跳下去!"

这简短的答复,使比容高专和加班节中将也大吃一惊。我认为只有如此回答,才能直截了当地道出我的心声。我知道我们已进入了一个十分险恶的处境,惟有抱定牺牲的决心,乃可应付来自任何一方面的打击。事实上,牺牲如果到了最后关头,慷慨的牺牲,不也可换得求仁的代价?历史上田横五百义士蹈海而死的壮举,至今犹使后人讴歌不绝,这种视死如归的节操,正是人生意义的升华。早年我读孟子"生我所欲也"章,此刻感受最为鲜明。只要是真正到了值得牺牲的最后关头，我想生与死的大关，是勘得破的。

由于这一席谈话，使他们这两位统治着越南的法国大员，对入越我军的印象，改变了不少。

然而，我却为比容这出人意料的问话，增加许多隐忧。国际间真正能保持着道义精神的实在很少，出卖友邦和自食诺言的往例，亦所在多有。假如有一天法国政府背弃信义，要强制送我们回大陆共区，我自己可以实践初衷跳下大海，可是这几万追随我的袍泽，平白的牺牲，则虽死犹有余羞。这一隐忧，一直在我的脑际旋转。

自一九四九年十二月十三日起，至一九五〇年元月底止，入越我军的人数，总计是三万二千四百五十七人。其中第二十六军三千余人，第二七二师一千余人，粤桂滇游击队一千余人包括在内。第二十六军入越后，由法军直运中圻的金兰湾集中。

部队的番号，除第一兵团所属各军外，另有第十兵团鲁道源部，第四十六军谭何易部，第一二六军张湘泽部，第四十八军一七六师邓善宏部，第一〇〇军一九师卫轶青部，第五十六军三三〇师黄义光团，桂西师管区李绳武部，第三突击总队王殿魁部，第五突击总队谢智部，其余则为随军入越的荣军、义民、眷属、学生，及零星入境的宪兵警察、地方行政人员。

此时，蒙阳与来姆法郎两个营区形成西南各省入越军民的收容所，单位之多，几不胜枚举，分子之杂，亦前所未见。尤其一些脱离了建制的零星官兵，以及义民、学生，没有纳入正式组织，仍然呈现着一些纷歧错杂的现象，若不及时加以有力控制，不特管理困难，而团结也难期紧密，一旦遭遇事故，其后果真难以设想。加之，两个营区，位居北越，与我国粤、桂、滇边境相距不远，入越军民，因受法方软禁，生活异常恶劣，有的在精神上受不了打击，有的在生活上熬不住艰苦，三五成群，冒险偷越法方警戒线，黑夜逃亡，使营区内的管理工作，显得异常棘手。

就当时情况而论，无论回台或者留越，都需要重新整编与整理。如果短期可以接运回台，我不能把这乱糟糟的团体交给当局，如果短期内不能回台，而必须留在越南，更不能让杂沓的局面拖延下去。为使团体的组织强化，遂决定彻底予以整编。

我又想到，入越的部队，番号太多，若干零星的单位，不属于我的指挥序列。整编的要求，首先在树立团体体系的中心，使指挥系统分明，才能发挥团体的力量。此一时期，我对第一兵团以外，并无权力可以节制，当局也没有命令要我统摄，全凭个人在军中的名望，来维持这个局面。因此召开一个干部会议，来决定团体领导人，亦属当务之急。我乃于二月六日，约集蒙阳与来姆法郎两个营区的将领，举行一次会议。

出席的计有鲁道源中将、王天鸣中将、成刚中将、蒋伏生中将、谭何易中将、张湘泽中将、蒋当翊中将、李精一中将、何竹本少将、张用斌少将、范湖少将、曹舜生少将等师长级以上人员，另外邀请随军入越的广西籍"监察委员"王赞斌先生参加。

我即席说明入越部队，无论是接运回台或留此装备，都必须立刻将战斗人员与非战斗人员重新编组。并提出两个建议案：

一、请公选营区总负责人，以统一军事指挥系统。

二、建议将两个营区编成为两个管训处，蒙阳营区为第一管训处，以张用斌少将为处长。来姆法郎营区为第二管训处，以王佐文少将为处长。

会议表决三点：

一、仍以第一兵团司令部原有机构，为入越我军指挥机构，公推黄司令官为统一指挥官。

二、遵照黄司令官之交议，以张用斌少将与王佐文少将分别担任第一及第二管训处处长。

三、组织整编委员会，由张湘泽中将及何竹本少将综理其事。

部队整编的原则，就此确定。以后为计划与实施方面的技术性工作。

整编计划与实施办法，于一九五〇年二月九日和十四日，先后核定，随即按照计划与办法实施。同时组织点验与考试两个委员会，进行蒙阳与来姆法郎两个营区的点验工作，就点验的总人数中，依照年龄、体格、思想、学能等各项标准规定，选拔战斗员兵，编成七个总队。第一管训处辖第一、第二、第三、第四计四个总队，第二管训处辖第五、第六、第七计三个总队。总队之下辖三个或四个大队，大队之下辖三个中队，其编组标准，仿照陆军师的建制，编余的官员，依其出身阶级，举行甄别考试，录取学员三〇一九人，成立预备干部训练班，编成六个军官大队，随军入越的义民，则编成义民大队，直属兵团部。

连日以来，我广泛地与各级干部交换有关整编方面的人事意见，于三月二日核定成刚中将、张湘泽中将、何竹本少将为干部训练班副主任，谢惕乾少将为教育长，班主任则由我兼任。发布张用斌少将为第一管训处处长，陈寰瞻、刘泽鼎为副处长，黄定华为参谋长。王佐文少将为第二管训处处长，李华为副处长，刘谦为参谋长，黄义光为副参谋长。高树华、张绍昌、李毓芳、张励为第一管训处所属第一、第二、第三、第四等四个总队的总队长。龙义昌、何毅生、查文华为第二管训处所属第五、第六、第七三个总队的总队长。李庆长为第一管训处直属大队大队长，刘焕炎、张子元、远景汉、李伯屿为第一总队所属第一、第二、第三、第四大队的大队长。张芳泽、晏齐仲、王培生、钟海春为第二总队第一、第二、第三、第四大队的大队长。马振岭、李秀亭、沈承先、罗卓群为第三总队所属第一、第二、第三、第四大队的大队长。黄祝华为第二管训处直属大队大队长，高鹏飞、廖鑫、马宗全、苏进祥为第五总队所属的第一、第二、第三、第四大队的大队长。郭尚文、陆造英、栾相桂、张建屏为第六总队所属的第一、第二、第三、第四大队长。马志忠、黄武、罗维、杨品信为第七总队所属第一、第二、第三、第四大队长。

整编工作，至此已初步完成，蒙阳与来姆法郎两营区的军民，也全部纳入组织，在管理上易于收效。因为，战斗员兵与非战斗员兵分别编组，以后无论是受领任务或克服困难，都容易发挥及控制其力量。我之所以急于将部队整编，主要还是着眼在团结方面，置身如此危险的境地，不作紧密的团结，就根本无法对付突发的意外。

部队的整编和整理工作，已经告一段落，过去纷歧散漫的现象，也逐渐获得澄清，本来大家就此可以咬紧牙根等待一个光明的到来。不料，另一件由法国人制造出来的麻烦，又把快要安定的人心，卷进可怕的漩涡。

这就是法国人征募苦工所引起的问题。

法国在越南北部经营的鸿基煤矿，和在南部各地的橡胶园，规模宏大，产量丰富，在经济上是法国在海外一笔重要的资源。这些企业界的巨子，对于法国派驻越南的军政首长，一向具有影响力量，因此，自我军入境之后，他们看到这一大批劳力可资使用，于是透过法军当局，用分化和威胁的手段，企图廉价动用入越部队为其工作。法军当局，乃开始对我们施用压力，先以利诱，继之恐吓，骤然使两个营区杌陧不安。

我记得一九五〇年元月八日，比容高专来蒙阳营区视察时，也曾提到准备送一千五百人到西贡去做工的要求。当时我即毅然予以反对，并且严肃地告诉他：我们进入越南的目的，是假道回台，不是来此避难。谁知自比容去后，不过两天，沙如上校便提出了做工的事，并说明十点：

一、参加做工的士兵，以志愿为原则。

二、蒙阳与来姆法郎两个营区，暂时只各征募两百名。

三、每人每日可发工资越币七元。

四、工资每月分三次发放。

五、由我方决定工资发放方法。

六、依照现状，工人食宿，仍在营区。

七、每日工作八小时。

八、工作地点在营区附近。

九、工作性质，以开辟矿区为主。

十、工头由公司派，领队由中国军方派，监工由法方派。

当时为了应付对方，仅由两个营区依志愿征了百余人，在营区附近的矿场工作。至一九五〇年二月初，因为工作的场地，距离营区太远，即通知法方解约停工。

　　三月十月，接替沙如上校职务的德维诺中校向我提出要求，拟在营区征集志愿作工的士兵一千五百人遣往南圻。我直截了当地回答他：士兵不愿离开部队的组织，无人可征。

　　三月十二日，德维诺又向我提出了派人到橡胶园作工的问题。这时法方的要求，渐趋强硬，美其名为志愿征集，实则在没有得到我的允诺之前，已开始向营区施用压力，各种胁迫的手段，接踵而来，宪兵和便衣侦探，不时进出营区，对我方官兵，随便逮捕或任意扣留，考其用心，无非想破坏我们团体的纪律及组织的威信，使各人无所适从，最后只得俯首听命走向他们的矿场或工厂。就由于法国人这种不顾国际道义的行为，顿时使大家都感到恐怖与紧张，我也觉得难于处置，一方面我必须维持团体纪律于不坠，一方面又需应付法方无理的苛求，因此在这一段时间，增加了我不少困扰。事实上，如果对法方的要求全不接受，以后的困难，势必日趋严重。经与各级负责干部从长计议，决定了一个应付的原则，就是建制内的战斗员兵，在任何情况之下，决不参加作工，作工人员，限定没有考取的突击队员及义民。原有的组织与指挥系统，绝不轻易动摇。

　　此外，我为了要先明了作工场地的实况，特地前往南越的广利橡胶园参观，回来时把所见的情况告诉官兵，使那些志愿应征的队员和义民，在决定其个人行动之前，有所参考。

此时，鸿基煤矿和广利胶园，得到法军负责当局的支持，在营区积极展开争取工人的各种活动，可是应征的人数太少，威胁与利诱，不能发生效果。于是，又由其军方出面，继续向我要求增加。

德维诺中校告诉我：士兵们并不是不愿去作工，而是范湖少将从中作梗，亚力山里将军对于此事，表示不满，要求我调换范湖少将。我回答他：士兵们不愿去作工，是他自己的意志，任何人都不能相强，另外派人来负责，也是一样，这件事与范湖少将无关，我可以向亚力山里将军解释。并且我还特别提醒他：我的部队进入越南，目的是转回台湾去，不是到这里来作工，你们招募工人的办法，是志愿而非强迫，士兵参加与否，只能凭其自由意志，他们没有义务替你们作工，我必须尊重他们的意志，希望法方慎重考虑，不要再事强迫，如果一味地无理取闹，在营区发生任何变故，我都不能负责。

六月间，我由河内回到宫门，德维诺中校偕广利胶园代表阿比及煤矿公司总工程师博文等来见，再三要求增加作工人数。在河内时我曾就作工的问题质询过亚力山里将军，已明了法方高级当局只是希望我方能同意士兵志愿应招，并无硬性强迫意图。所以，我对德维诺诸人的嚕苏，一概置之不理。

当时蒙阳与来姆法郎两个营区志愿应募至煤矿区作工的

约二千人，参加橡胶园作工的约千余人。应募而往者，绝大多数是没有考取预干班的突击队员及随军入越的义民，编组完成的部队，则无一人参加。

作工问题的纠葛，一直拖到部队南移时，才算解决。由于此一问题的牵扯，团体的纪律，无形中遭受了严重的打击。集中营内始终是在浮动不安中，更因少数不法之徒的推波助澜，随时都可以把这个团体支解，迄今思之，犹有余悸。

一向生活在祖国的怀抱里，并不觉得自由之可贵，但一旦失去了祖国的庇护，尤其是置身在这个艰困的环境里，我已深切地体认出祖国的可爱和自由的可贵了。

## 南移富国岛

一九五〇年三月十三日下午二时。

法方负责军官德维诺中校来见，谓奉到了亚力山里将军的命令，十五日要由蒙阳营区抽调一千五百人他往。地点何处？任务如何？他全不知道。照理我可以直接询问德维诺中校，这一千五百人究竟是去作什么？但法军的传统，上级对下级的指示，往往不明述其内容，而下级只得照命令行事。

这个消息，来得太突然，又没有说明任务与地点，颇使人费解。但我料想到绝不是强迫派往工场，因为亚力山里将军曾经对我说过作工的事不用强迫方式，既然法方提出此项要求，似无法加以拒绝，臆测其所以不明告任务与地点，可能只是时间上的秘密，想必不会有不利于我们的举措。于是，即偕同德维诺中校前往蒙阳营区，召集高级将领，举行会商。大家都认为一千五百人既是船运，其方向必定是南边，向南移动，没有危险顾虑，一千五百人编组的部队，虽无武器，但仍有团体力量，因此，决定接受法方的要求。由第一管训处所属四个总队各抽调一个大队，编成先遣总队，派成竹为先遣指挥官，卜毅为总队长，待命出发。

我要指定第一管训处的部队先遣，是因为该管训处的兵员，大部由第一兵团原有建制编成，士兵与干部之间，经过长期的艰苦作战，在感情及道义上已建立了良好的基础，容易发挥团结的效果，无论遣往何处，都可以减少我的顾虑。

当部队移动的消息传出之后，一般官兵，因不明任务与地点，群情又为之惶惑不安。我因为对先遣部队的行动方向下过判断，晓谕各级干部力持镇定，自己则暗中准备各种应付突发事件的方法，同时上电蒋公，报告困难情形，请求即派大员来越，向法方交涉，将入越官兵，接运回台。

十五日，河内专员公署华务处长欧芝耶上尉来宫门，才获悉部队他调的地点是中圻金兰湾，至此乃了解部队移动的方向是南边，先遣的一千五百人，是开路先锋。

十六日，法方有一运输舰驶抵宫门码头，先遣总队官兵一千五百二十九人，即乘该舰启碇南下。

行动的消息，已使群情不安，又由于法方征募工人的问题，大家的情绪格外显得低落。此时，有少数不良分子，乘机散布流言，企图动摇军心，造成混乱，其处境的纷杂，真是一言难尽，不论对内对外，在在都使我穷于应付。我知道整个团体的命运，这是一个最重要的关键，偶一不慎，辛苦所培植的一点反共力量，即可能被人摧毁，必须在这紧要的当口掌住航向，因此几件破坏营区纪律的事件，我的处置，便很严格。另外，我特别加强保防工作，全力清除渗透的共谍及不稳分子，以安定内部。

先遣总队于三月十六日发航后，久无音讯，直到四月五日，始接到先遣指挥官成竹的报告，部队到达的目的地，是富国岛而非金兰湾，已全部安全抵达。成竹并且在报告中，对富国岛作了一番描述，说岛上鸟语花香，一片翠绿，有如世外桃源。将近一个月以来，我时刻为部队行动而操的苦心，得以稍释。营区中一般无谓的流言，也全部澄清。官兵们对新环境已扫除了恐怖的感觉，大家准备着去开创一个新天地。

自先遣部队出发后，法方即准备分批将两个营区的官兵南运，因交通工具调配不如理想，至一九五〇年八月底止，始运输完毕，先后共计二十三批，其中两批，载运预备干部训练班两个大队，被送至中圻的金兰湾，高级将领则被送至西贡附近的头顿市。

部队移动时，须徒步到宫门，再由宫门登轮出发，出东京湾溯海而南，经昆仑岛到富国岛，全程五昼夜。法国在越南，已被战争拖得精疲力竭，人力物力，供应失调，发航没有定时，有时三五天一次，有时一二周一次，每次仅运输舰一艘，最大的容载量约一千五百人，最小的容载量约六百人，每次极为拥挤，船中的给养与淡水，也不能正常供应，五日的航程，使官兵们饱受折磨。但是为期半年的海运，未曾发生意外事件，所有南运的官兵，都平安到达，真算是苦难中的大幸。

法方将我方南移的主要原因，乃是越北战事节节失败，在北圻一带，法国军队逐渐处于被动挨打的地位，蒙阳与来姆法郎位于战火边缘，法国人既不能强迫送我们回大陆，又不敢送我们回到台湾，只好执行所谓国际公法的规定，选择一个安全的地区，把我们集中软禁起来。于是，越南最南端的富国岛，便成为我们生命史中的一个永不能忘的所在。

富国岛是中南半岛南端的一个小岛，位于西贡西南，邻接暹逻湾东南岸，面积约六百平方公里，其形状酷肖一只火腿，为越南迪石省的一县，县治设阳东。

这个海岛踞于南海与印度洋交界处，形势扼要，第二次世界大战时，日本军队席卷东南亚诸小国，曾以此为战略物资补给基地，在阳东、洛港两处，筑有飞机场。近年以来，法国殖民地当局应付越南大陆上的动荡局面尚且不暇，只好任其荒芜，等到我军移来，经过一番开拓，便又灿然一新！

考查越南历史，十八世纪末叶，越南嘉隆皇与西山阮氏兄弟争夺王位，不幸战败，率四位臣子驾一叶扁舟飘到富国岛，在岛上艰苦淬励，最后获致复兴，这个小岛，也随着嘉隆王朝的复国，锡此嘉名。我们官兵有时在文艺作品上标名"复国"或"护国"，显示出大家有为"光复大陆"的志节与抱负，在我的诗词里，亦同样寄予殷切的期许。

全岛人口，约八千余人，其中华侨八百余人，越南土著七千余人。散居于阳东、洛港、咸宁及岛之西南海岸，极小一部分则侧居荒谷之中。沿海居民，大都以捕鱼为业，山居者则以种植胡桃、木薯为生。商业为华侨所独占，衣食比土著为优。土著民族的生活方式，几乎停留在一个世纪之前，其居处饮食之简陋，与原始生活相差不远。

岛上土壤不佳，且多系沙质，不适宜稻麦的生长，一般民众也不乐意从事农产品的耕作，食粮及日常所必需的生活日用品，都仰赖法国人按时配给，配给的数量与时间，又不能尽如人意，且大多数居民亦无法筹出配给时所需的货币，因此以木薯及山芋为主食者，约在百分之六十以上，鸠形菜色，望之可怜。可是他们却非常愉快地生活在那肮脏的圈子里，看不出对现实生活有任何不满的表示。这自然是他们除经常与海山相对之外，少有接触都市文明，物质的诱惑，产生不了作用，故其民性，朴实敦厚，有古代遗风。

富国岛地属热带，气候炎热，终年并无寒暑四季之分，但很显明地一年有两个不同的季候，从四月起到十月止，季候风挟海洋湿气吹来，雨量最多，称为雨季。十一月至第二年四月，西北风起，气候干燥，称为旱季。普通三月份最热，十一月份较为凉爽。平均温度为摄氏二十七度左右，八九月间气候最为中和，一日可能三变，晨如暮春，午后似炎夏，入晚凉若深秋。旱季是捕鱼为业者的工作时期，鱿鱼、乌贼、黄花鱼等麇集沿海，尤以鱿鱼产量最富，渔人一逢渔汛期到，都相当卖力，而终年温饱，全部靠此。一到雨季，鱼群他徙，渔人们便毫无所事。

捕鱿鱼的方法，是把电石灯装置小舟之首，灯上罩一白色磁盆，使光芒凝聚，渔夫用一根钓线扎上许多白布条，向海中拖来拖去，将鱿鱼引诱到电石灯前，再用手提网打捞。每晚出海，非到翌晨不能归家，因为下午十时以后，法军开始宵禁，船只不准往来，一晚所得，也须视运气与体力而定，有的几十基罗，有的几基罗不等。这种纵一苇、涉大海，与惊涛骇浪相搏斗的生涯，把他们锻炼得非常结实。可是由于捕鱼工具落后，气候的测量，全凭经验，就有不少葬身鱼腹。拉马丁说："渔人的生命，在上帝指缝间。"对他们还是具有鲜明的写照。

鱿鱼曝干后，运销西贡、香港各地，利市亦复可观。官兵们只消花几块钱越币，便可饱餐一顿。

鱼水是岛上最负盛名的特产，也是岛民商业上大宗的收入。制造方法，大约是把刚从海中捞回来的小鱼，置木桶中，敷以食盐，灌足开水，然后密封，经几个月的浸润，取出提炼，越南人视为上等调味品，据法国医生检验的结果，认为最富营养。

山居人民所经营的农作物中，以胡椒最为名贵。胡椒是一种藤科的草本植物，培植相当费力，从养苗到成长结实，需时三至五年，每株胡椒得用一根耐用十年以上的红色树心作为爬柱，场地尤须避风，故栽种一园胡椒，非有雄厚资力及丰富经验者莫为。往昔岛上经营此项活计，年获利甚丰，近年因越共游击队滋扰，已大量减产，濒于破产边缘。园主改营别业，或离此他往。

当地居民用作主食的木薯，培植则毫不费力，既无灌溉施肥，也不用耗费本钱，把枝干切成几段，插进沙土里，便会发芽滋长，半年后即可收成。木薯即台湾的树薯，为味精主要原料，内含淀粉质很多，磨汁晒干，越南人称为"贡粉"。

大概是因为气候的原故，越南土著民族惰性相当深，就木薯一项而论，本来是贱而最能牟利的东西，但他们则只求糊口而已。华侨则不然，筚路开拓，不辞辛苦，只要几年，便可白手成家，或一跃而为富户。

华侨在这岛上约八百余人，真出我意料之外，据考查所得，明朝末年，流寇之乱，清军入关，广州人莫敬玖，系心宗社，誓不降清；率义士四百余人驾舟南渡，辗转播迁到越南南圻的蛮坎，当时蛮坎是水腊境的属地，由高棉王匿翁侬所辖，莫氏利用外交手段，极邀棉王宠信，畀以开垦蛮坎的使命。至公元一六七四年棉朝内讧，匪翁依求援于暹逻，暹军一到，掳莫敬玖去，历数年，莫氏逃回，重整事业。其后，中圻人民，陆续迁来南圻，将荒野拓为农田，事业日趋旺盛，华侨自行团结，组织明乡社，建立明乡会馆，在精神上紧紧维系华夏遗风。一七一四年莫敬玖年老之际，将垦地献给越王阮福映，阮封莫为河仙总兵，莫敬玖死，其子天锡继其遗志，整军经武，力却棉军，受任为河仙总兵大都督。之后，西山阮氏兄弟崛起，华侨即遭迫害，只得四处飘泊为生。明乡社丁琏之后裔丁清基首先迁居富国岛，住阳东市南的"翠道"，辟荒自活。一八九七年间，海南文昌籍人相继而来，翠道逐渐成为华侨市集，发达至三十多户，生计蒸蒸日上。翠道毁于大战，侨胞移居阳东，隐约间尚可见其开拓的遗迹。

岛上的风景，真如仙境，一种充满着南国情调的水态山容，亦足令人陶醉。由于大自然的爽朗，虽然不断地遭受磨难，我们却咬紧了牙关，在这里熬过了将近三年的羁困岁月！

富国岛的风情，已如上述。

但在我军没有移来之前，只是四周环海的一块荒芜之地，连飞机场上也是荆棘横生，草深没胫。我军分驻于介多与阳东两地，介多在岛的南端，阳东则在岛的西岸。两地本有公路可通，但因久未使用，全部荒废，部队到达后，即首先整修公路，解决交通上的困难。

我军南迁期间，恰是越南的雨季，阳东内港狭窄，惊涛拍岸，机帆船不能驶出，在四月南移的部队，都一律在介多登陆，再定行止。

经我亲自视察之后，规定第二管训处及预备干部训练班驻介多，兵团司令部及第一管训处驻阳东。

驻阳东方面的部队，驻地划分在阳东市街之西，过阳东大桥向西北延伸，可以自由扩展，不比在越北时那样局促。

阳东市街的西岸，本留有几座剥落不全的房舍，但在我军移来之先，被岛上的越盟分子，纵火焚烧。除指定将靠近阳东内河一带的废址，作为兵团司令部的驻地外，其他部队，则向东西两侧扩延，分别辟建，全营区成为一半圆形，利用阳东作为公共活动的场所。

介多营区的驻地，则沿港湾由南向北伸展。

两个营区所开辟的土地，全都是林木交错的旷野。部队首先砍伐草木，锄平基地，树立营舍雏型，再按预先设计的图样去建筑。因为遍地都是草木，取之不尽，用之不竭，建筑材料方面，倒不感十分困难。可是部队到达此地时，恰值雨季，无形中增加工作上不少负荷，但官兵们却并未因风雨的关系，而放松营建工作的进度，大家勇敢地上山采伐材料，雨中的森林，到处滋生着蚂蝗和蚊蚋，偶一不慎，即会咬得头破血流，此外高山上瘴气，也使人闻而发昏，这些都没有把我们难倒，在很短的时间内，完成了第一批营舍建筑的工作。

富国岛初期营房建筑的材料，屋顶是用茅草搭盖，墙壁用小树枝织成。每一批部队到岛，最多不过两星期，他们的营舍，便可全部落成。

一九五〇年八月底止，越北各部队完全到齐，至十月阳东、介多两个营区的房屋，就大部告竣，继即开始建造属于公共性的医院、储粮仓库、码头，和眷属住宅等。

一九五一年度以后，或因部队区域的重新调整，或因先建营舍破损，必须彻底或局部的修造。此时，近郊草木，早已砍伐一空，要向数十里外的高山去收采，艰苦计程，可谓倍之。但无形中又养成了部队间一种良好的竞争风气，为了争取荣誉，大家对劳力与智慧，几乎一无保留。此一时期的营舍建筑，除屋顶无法改用砖瓦或木板之外，墙壁的四周全采用一种热带有刺的树木劈成长方块装订，坚固耐用，且极美观。

自金兰湾部队集中富国岛后，预备干部训练班第二总队驻介多，与该班第一总队集中整训，第一管训处则驻阳东。该批部队来岛后，因荒芜之地，早已夷为平地，营建方面，容易着手，故建造出来的房屋，也格外整齐。此后，各部队对于营房的建筑，无论在式样、结构及适用的条件上，都力求进步。营房不修建则已，一修建，必以崭新姿态出现，竞争精神与克难精神，可说已发挥到了顶点。凡参观过富国岛的中外人士，对留越我军在这小岛上开拓出来的克难成果，总会表示惊异。

有一次，一位法国军官看过了营区的房屋以后，曾惊奇地询问联络人员：这批军队，是不是全属工兵？事实上，这是一支在战斗中成长的陆军野战部队，过去并未具有开荒设营的经验，也从未遭遇过这样艰苦的生活，其所以能创造出人意表的成绩，完全是一种不屈不挠的战斗精神。

经大家惨淡经营的生活区域，时时都在进步，岛上的风景，又十分优美。介多淡雅静逸，阳东妩媚热情，到处都泛现出一片盎然的生意。我的司令部傍阳东内河而建，与阳东市区一衣带水之隔。阳东市街，位于内河两岸，一侧临大海，一侧倚高山，百余家商店，建筑在山与水交抱之间。在高耸入云的椰林之下，有绿瓦红墙的洋房，也有竹篱茅舍的渔户。司令部与市区相对，堤岸遍植椰子树，倒影水中，相映成趣。庭院中手植的芭蕉，几个月之后，就亭亭如盖，绿叶成荫。我在岛上盘桓的日子，总不轻易让那些最引人入胜的黄昏或月夜，悄悄地溜走，我会尽量地把客观环境所引起的苦闷情绪遏制住，静静地在海滨，在河岸，捕捉我的灵感。

在岛上留居三年之久，营建工作，成为全盘工作的三分之二，总有开不完的荒地，盖不完的房子。而大家最感苦痛的，乃是生活上的待遇太差，营养普遍缺乏，一用再用的体力，究竟有限。所以我指示各部队分出余力来从事生产，利用生产成果，来补足缺乏的营养。在生产方面，我们又创下了使人惊异的成就。

# 专使来慰

部队转进至桂越边境时，"政府"也正在播迁台湾，除与东南陈长官通过一次电报外，因战地通信困难，无法和中枢取得联系。既入越境，又被集中软禁，行动失去了自由。数月以来，犹如置身樊笼，而且法方当局又尽力封锁我们对外界的通讯，以致"自由祖国"的一般状况，始终无法获悉。

直到一九五〇年春初，蒋公复职的消息传到了宫门，瞬刻间传遍了营区，在苦难中的军民大家都欢欣鼓舞。这个消息尤其使我兴喜若狂，我深信只要蒋公继续出来领导，"国家"的复兴，必有希望，我们这支孤悬在海外的部队，也有了救星。于是，我竭力向法方要求，准许派员回台，向"政府"报告入越我军的情况，几万人乃在断港绝航的苦境，发现了一线曙光。

四月间，我正在河内与亚力山里将军商谈解决部队的许多实际问题，奉到了蒋公一封电报，其内容如下：

> 达云司令官并转越南我国军各将士均鉴：君等转战我国西南大陆与"共匪"作生死搏斗，予以重大打击，并于战略任务达成后退入越南，殊堪嘉尚。兹据报告君等在越南食物、服装、医药等均感缺乏，虽生活颇为困苦，而仍能保持原来建制及各级指挥系统，并以木材、树皮，自行建

筑营房，充分表现我"中华民国"革命军人之坚苦卓绝精神。中正闻之，至为欣慰。除已饬"国防部"、"外交部"协同设法改善君等生活外，兹特派我国"驻越南领事馆"人员代表中正前来慰问，以表微忱。目前"反共抗俄"战争，已趋国际化，君等虽远托异邦，责任仍属重大。将来杀敌报国，定有机缘，盼望各自为国珍重。

这封电报，真不啻从天而降，我的高兴，绝对不能以笔墨来形容。过去几个月以来，为部队的前途，一直忧心如捣，而失去"国家"庇护的滋味，也真够人忍受。现在由于蒋公复职，"国家"有了生机，蒋公在万机之中，又对我们表示垂注与关怀，在绝望中得到了新希望，所有官兵无不为之感奋。

"领事馆"人员代表蒋公来营区慰问时，带来了蒋公寄来的两万美金，领袖对我们这种爱护关怀的德意，永印在几万人的心底。

一九五〇年双十节过后，集中越北蒙良与来姆法郎两营区的部队已南移富国岛，蒋公又派战略顾问委员林蔚上将及总政治副主任胡伟克少将来越宣慰。林、胡两将军由香港飞抵西贡，带来了蒋公慰勉我的亲笔函件，我陪同他们两位前往富国岛及金兰湾，召集官兵讲话。林上将告诉大家，领袖对我们的关切，和"自由祖国"自领袖复行视事以来进步情形。胡少将则宣读领袖告官兵书。每一个集会的场面，都十分感人，因为我看到站在台下的每一位官兵眼角都带着晶莹的泪珠，这是感念最深的标记。

我要把领袖告官兵书全部录下来，因为这篇训词，在当时不但安定了大家浮动的情绪，而且更坚定了大家面对现实的勇气。

黄司令官并转我驻越的全体忠勇将士们：

我现在派林蔚文、胡伟克两同志来到越南，向我所时刻怀念的忠勇将士们致最亲切的慰问。过去一年间，是中国"反共抗俄"的黑暗时期，你们在最坚苦的情况下，和敌人坚强奋斗，最后为了保存国家作战的力量，进入越境。一年以来，你们在异邦忍受着衣食的贫乏，疾病的折磨，和风雨的侵袭。因为受环境的限制，我对你们不能经常予以物质的补充，不能使你们迅速"回国"重新加入"反共抗俄"的战线，内心苦痛，实非笔墨所能形容。但是各位都知道：革命本是极艰巨的事业，不经过长期的牺牲奋斗，我们崇高的革命理想便无法实现，不彻底击败"国内国外"的敌人，"国家"民族的独立自由，便没有保证。没有惊涛骇浪，显不出你们的坚定，没有危疑震撼的变局，不足以见革命志士的忠贞。一年来的艰难困苦，证明你们真是岁寒松柏，不愧为黄帝的子孙，总理革命的信徒。我们有了这种不屈不挠的奋斗精神，一定可以完成"反共抗俄"的神圣使命。

自从去年大陆撤退以来，我们全体军民以台湾为基地，不断予"共匪"以沉重的打击，已经粉碎了敌人渡海进犯的企图。现在台湾的战斗力量，正在不断的加强，党政军的革新运动，已经逐步的展开，成效显著。军民一致，万众一心，较之大陆时期，真不可同日而语……但敌人的力量，目前还很强大，我们的工作还很艰巨，胜利还需要我们在勇猛的战斗中争取。我驻越的忠勇将士，仍然是一支强有力的队伍，光荣的战斗任务，不久就会落到你们的肩上。政府对你们在台湾的家属，自当负责照顾，并将采取一切有效的方法，尽量解除你们精神上和生活上的痛苦。同时，期望我忠勇将士茹苦含辛，再接再厉，遵守友邦政府的法令，尊重当地人民的习惯，在工作和生活中，处处保持严整的纪律，对于军事学术，更需要努力研究检讨，造成浓厚的学习空气，准备迎接新的革命任务。

忠勇的将士们！战斗中的"祖国"在期待着你们归来，铁幕里的同胞正渴望着你们拯救，坚决、勇敢、前进，最后胜利是我们的。

记得大陆"剿匪"军事逆转之际，领袖退职谋和，国家因此失掉了领导的重心，共党乃乘此机会，发动全面"叛乱"，我们这支在湘、桂、滇艰苦作战的部队，其处境亦随之暗淡，喋血苦斗，再接再厉，也就是因为大家都接受过革命的洗礼，领袖人格的薰陶，了然于成功成仁的要义。被迫入越，虽然遭受软禁，行动不得自由，但这几万人效忠领袖的决心，益加坚固，在那种无可告愬的环境中，我们对领袖的怀念，真如赤子之望褓姆。此次林、胡两将军专程前来，使我们重沐领袖温情，一种绝处逢生的感受，为这几万人忍饥挨苦增加了无比的信念。

林、胡两将军并带来了大批的服装、医药、书刊及康乐器具。在当时物质条件过度贫困之中，来自台湾的物品，即使轻如鸿毛，我们也弥感珍贵。何况这次台湾为每人带来草绿色军便服一套，白色运动衣两套，正适时解决了官兵衣的困难。这支部队经过数千里的长途转战，一身之外，已无长物，入越后，又忙着开荒设营，连随身换洗的衣服也破烂不堪，有些官兵只好用树皮茅草缀成围裙，藉以蔽体，其困苦真非外人所能想像。

不久，台湾又派梁汉与陈本昌两同志来越，宣述有关台湾进步情形，并轮流向部队官兵作精神讲话，梁汉同志则留驻越南，和我住在一起，经常与台湾保持密切的联系。留越我军虽孤悬海外，在精神上也与台湾结成一气，遥相呼应。

此外台湾为体念官兵困苦，每月汇发每人越钞三十元，又解决了一些日常用品添置的困难问题。

一九四九年冬末，昆明之难既作，驻防云南的第二十六军官兵，深明大义，不为卢汉所裹胁，在险恶的态势中，与"叛逆"及共党相周旋，因局势恶化，逐次转战到滇越边境，最后因粮尽弹绝，于一九五〇年元月二十三日被迫退至越北的小猛，廿六日进驻莱州。接受法方的要求，解除武装。二月一日，分批由莱州经山罗向河内以西集结，廿六日东运海防，继续船运中圻的金兰湾，三月中旬，全部到达。

这支部队进入越境之前，并未和我取得联络，直到二月十一日，才接到该军军长彭佐熙中将的书面报告。我立即将详情转报台湾，并在回复彭军长的信中，指示四点：

　　一、国军官兵眷属三万人现集中越北蒙良与来姆法郎，自行编组管理与建造营舍，生活渐次改善。

　　二、回台问题，台湾正向法国当局交涉中，希严束所部，谨守纪律。

　　三、经费问题与该部入越情形，已转报台湾。

　　四、拟向法方建议，将该部移驻蒙阳，便于管理。

一九五〇年十二月奉"国防部"电令，派我为留越我军管训总处司令官。所有入越各部队，统受我的节制与指挥，并奉令同时撤销入越各部队原有军师番号。

我奉到上项电令后，即策划集中与整训的事宜。除在蒙阳与莱姆法郎两地的部队，已于一九五〇年春间整编完成仍维现状外,将驻金兰湾的部队,整编为第三管训处,核定第二十六军军长彭佐熙中将为处长。

在越北整编时,考取预备干部训练班的编余军官,共编为六个大队,在南移时,其中两个大队被法方送至金兰港。第二十六军整编时,将编余军官编为一个大队,隶属预干班。我鉴于富国岛与金兰湾,一在中圻,一在南部,距离遥远,联络不易,乃将富国岛的四个大队,改为预备干部训练班第一总队,留金兰湾的三个大队,则改为第二总队,由第三管训处处长彭佐熙中将负责督训。

所有入越我军,虽经两度整编,终以驻地分散,情况特殊,管理训练仍觉不能尽如理想。管训总处成立以后,又感到驻金兰湾的部队,远隔重洋,以通信指挥,需经过法方的检查或留难,每每延误时效,尤以部队的管理与训练,不能取得一致。后来,我要求法方将金兰港的部队,集中富国岛,得到了法方的同意。一九五二年三月中旬,金兰港的部队开始南运,到五月运输完成。

一九五二年六月复将所有留越部队再度予以整编,以求取兵力上的均等,编组上的合理,不久即整编完成。

这次整编所编余的军官,遵照"国防部"的指示,连同预备干部训练班,合编为留越我军军官团,我自兼团长。

自第三次整编后,入越我军除部分工作人员,尚散居越北及高棉各地外,其余皆已集中富国岛。但仍常有不愿作工被法方遣回的，及在滇桂边境从事游击被迫入越的陆续来岛。

大陆游击部队，或因补给不继，或因境遇恶劣，退入中越边境，而进入越南者，先后共有两千余人，其中以余启佑同志所率领的二七二师为最多，再次则为广西、广东、云南各省的地方反共武力。

余启佑同志于越北红河之役，指挥所属，抢渡逆流，遭受共军、越盟与法国陆军的几重攻击，壮烈成仁。我在挽他的诗中，有"隔海犹闻杀贼声"之句，以示哀念。

零星入越的游击人员，曾与共军经过长期苦斗，在在都要抚慰和支援。所以，凡游击队伍被法方遣送来岛，必尽量予以方便。同时并针对其实际状况，分别纳入建制，实施整训。

部队自进入越境后，虽处境十分困难，但必要的训练，则仍未停顿，适时适地施以各种机会教育。在当时那样复杂艰苦的环境下，要安定官兵们不安的情绪，使散漫的精神凝于一体，除了以教育为后援，培养读书的风气，实在别无他法。

入越之初，几乎天天在开荒设营，至一九五一年春天，营房建筑及环境整理，已大致就绪，我便开始有计划的训练。此时最感困难的是教材与器材，这些用品，早已悉数缴交法方，公私典籍，也损失净尽，台湾虽间常寄来一部分军事与政治方面的书刊，数量与种类都嫌不足，只能作基础依据及参考之用。在自力更生的原则下，我对训练所揭示的旨趣，是以精神教育为中心，生活及体格教育为基础，学术教育为目标。然后厘订出教育计画大纲，印发蒋公训词多种，在教材与器材方面，只要能力做得到的，无不竭力以赴。所有构造简单的轻重兵器，以及瞄准、测量、操舟、架桥、通信、沙盘教育器材，如能以人力及现有工具仿造者，均经制成实物或模型，普遍施教。

由于训练的关系，逐渐诱发官兵们求知之心，劳作与操课之余，人手一卷，琅琅书声，随处可听，据我所了解，留越我军回到台湾时，已无一个不识字的白丁。

部队羁留越北的那段时间，因为动荡不安，又要忙着建筑房屋，尽管法方对我们的补给不够一饱，仍然无法从事生产。自南移富国岛以后，各部队便开始作有计划的生产活动。各自在营地附近开辟菜园，建筑猪舍及鸡棚，利用操作余暇，大量生产。因为部队分驻在海滨，全部是沙地，不宜种植蔬菜，于是大家向十里以外的山上去挑运黄土，作成菜畦，不出数月，每一个营房附近的菜园，都有了收获，而猪只和鸡鸭，也跟着繁殖起来，自此官兵们的营养得到适当的补充，以前因为营养不良所发生的夜盲、脚气等疾病，便逐渐减少。

后来，大家认为在一个四面环海的岛上，应该设法渔捞。于是开始制造船只，首先是斫伐山中的大树，刻成两片，剜成独木舟，划向近海去钓鱼。不久，大家合力制造双桨划船，接着又出现双桅的大帆船。驻介多的第二管训处部队便完成了一支数约百艘的"木制舰队"，浩浩荡荡驶来阳东访问，情况颇为热烈。第二管训处的官兵，利用这支木制舰队，曾经在外海捕获一尾重约三千公斤的鲸鱼，使法国人惊为奇迹。

富国岛深山中全是茂密的丛林，数十人合围的大树到处都是。最初各部队把大树砍伐下来，锯成木板，作为营房的建材，后来有许多华侨来岛参观，要求订购，于是发动部队大量的制造，外销西贡及金边等地，所得的价款，由各部队自行使用，如医药、服装、日常用品的添置，便都是由克难生产中得来。一九五三年夏天，留越我军回台时，随船带回若干制成的木板，在台湾变卖得款近百万元。全体官兵为感戴蒋公及蒋夫人爱护的德意，捐献三军托儿所，建造了一个大的礼堂。

穷则变，变则通，是我们中国人处世的道理，而自力更生，则是处绝境时必须把握的法则，在这些日子里，我的感受最为鲜明。

驻越北的部队，南移富国岛之后，内部的整顿，逐渐有了头绪，官兵的心理，也稍为安定。我想到我的工作重点，应该由内向外，必须经常与法国负责当局保持接触，掌握和运用各种机会，争取我们行动上的自由。所以，我接受了法方的要求，离开宫门，住到西贡去。

法方在西贡设有一个联络处，专责留越我军的一切交涉与照料事宜，处长是载乐里中校。

我寄住在西贡中国"总领事馆"内，成为尹凤藻"总领事"的座上客。

此时，法国在越北的战事，一再失利，红河三角洲已经是风声鹤唳。比容高级专员和北圻司令亚力山里中将相继去职，接任驻越南的法国统帅是名满欧洲的塔西宜将军，塔氏下车伊始，便致全力于挽救劣势的战局。这位固执成性的职业军人，总揽法国在越南的一切军政大权，他的意志，可以影响我们的行动。因此，我特别注视局势的发展，希望在越南瞬息万变的局势中，为自己找寻出路。

我们的行动，在当时有两个可能：

第一是就地装备，参加越南的反共战事。

第二是解除冻结，遣回台湾。

我曾就这两个可能的问题作过研判：法国人当初所以要借口国际公法，软禁入越我军，完全是恐惧中共的报复，虽有部分人士主张运用这支具有坚强反共意识的队伍，为越南战场作强有力的补充，可是根据我的观察，法国当局的外交政策似乎还没有这么大的魄力。于是，我的希望，便全部集中到遣回台湾的一个问题上去。遣回台湾，必须我方循外交途径正式向法方提出交涉，因此，我虽设法单独回到台湾一次，就留越部队的实际状况向"政府"提供交涉的意见。其时塔西宜将军将应邀访美，我认为如能在塔氏访美时，我驻美大使就近向其交涉，不难获得一个明朗化的答案。但是，塔西宜将军已自美国归来，我们的行动消息，却依然杳如黄鹤。久久才在美驻越大使希斯那里得到一则报导，谓塔西宜在美时，美国参谋首长联席会议主席布莱德雷将军对遣返留越中国军队征询过塔氏的意见，塔西宜则以如果遣回留越中国军队不幸而遭受共军攻击，美国必须予以实际支援为条件，并表示只要美国作此保证，随时都可以解除留越中国军队的软禁。因此，这个问题又在中途碰上了暗礁。

一九五一年十二月间，法方联络处处长戴乐里告诉我：美国"驻华军事顾问团"团长蔡斯少将曾经透过美国国务院，希望留越中国军队至少能遣回一部，其余则留在越南使用，塔西宜将军不予考虑。

接着我又得到曼谷方面转来的消息，谓美法两国决定暂不动用留越中国军队，一切静待国际局势的转变。

根据种种迹象看来，塔西宜似是集中精力在红河的战事上，无暇顾及其他的问题，这样，也许越南的危机可以暂时应付，然而我们的处境，则愈来愈黯淡。

在无可奈何之中，我知道必须以时间来换取希望，以等待来消磨时间。然而，时间像流水一般的逝去，我们入越，很快就是两周年，精神上的痛苦愈来愈深，加之国际间的局势又是那么扑朔迷离，这日子也就特别感到沉闷和无聊，我的心中时时泛起无边的幽怨与惆怅。

半个月以前，煤矿区作工的义民与资方发生纠纷，我应法方的请求，亲自前往越北去处理。忽然戴乐里中校前来相告，谓锦普煤矿区的五百多工人又全体罢工，言下有再请我亲往调解之意。我对他的报告，反应十分冷淡，我表示在没有得到罢工的起因和详细经过报告时，我不想离开西贡。

对于鸿基煤矿公司，我的印象一直不佳。该公司自从在蒙阳与来姆法郎招募工人起，到以后对待义胞在工场里的行为，可说是欺骗与剥削，双管齐下。总经理克来瑞对工人极为残忍，此外一个法籍李神父因为能说桂、粤方言，利用公司和工人间言语的隔阂，从中剥削，又利用工人名义，向公司敲诈，因之引起了许多不必要的纠纷。上次我在工区虽严厉地指出他的恶行，工人对之十分鄙视，李神父乃哭诉于河内越北专员公署，谓我当众破坏他的名誉，此事传到西贡，戴乐里中校询明究竟之后，回给越北一个电报，说明部队统帅在他的部下之前没有理由需要去侮辱一个与部队无关连的神父，但一个替上帝工作的人，也不应预闻一些闲事。

锦普罢工后不久，我接到工人们的报告，控诉队长邱俊贪污渎职，假借法人势力凌压同胞，要求予以撤换。公司方面则全力支持邱俊，并且拘捕十五名义胞，工潮乃因之发生。

虽然我不满煤矿公司的作风，但却不忍义胞随便被人拘监禁，于是决再去北圻，同时请戴乐里中校通知海防军区，要求立即释放被捕的工人。

上次去高棉橡胶园，不幸翻车受伤，这时我的身体尚未完全康复，伤处仍需隔天敷药一次，但我估量只要忍一下，长途旅行，仍可勉力支持。

一九五一年十一月十五日，于细雨蒙蒙之中到达海防，被法方接至海防军区司令部休息。忽然同来的戴乐里中校告诉我，谓塔西宜将军的办公室副主任戴叶上校奉命有要事和我相谈。

与戴叶上校晤面时，他说塔西宜将军因军务太忙，不克亲来，此番是奉命向我代达塔西宜将军的意见。他接着说：

中国军队进入越南，为时即将二年。这期间，经由戴乐里中校及其他很多单位的调查报告，塔西宜将军已完全了解这个问题。他清楚这支部队的生活情形、训练概况，以及精神和物质上的需要。对于黄将军在营区中所作的各种努力，也感到很满意。可是，这个问题，牵涉太大，法国在整个局势未明朗化以前，不能作任何决定，软禁的环境，也不会有什么改变。

戴叶复倨傲的继续说：

锦普矿区这次罢工事件，很快就由越北专员报告塔西宜将军，他对这件事感到很不高兴。由于越南战局的原故，也有太多重要的事待办，实在不能够再听到这些细微的令人头痛的事发生。希望黄将军明白，以后不再有罢工的事件。

听完了戴叶上校这一席话以后，我问他究竟了不了解此次罢工的原因。

戴叶表示：他并非来调查罢工的原因或追究责任，只是转达塔西宜将军的旨意，因为塔西宜将军不愿看到有类似的事件重演，否则，他将采取必要的措施来对付。

我忍住了气，严肃地回答戴叶：我是奉我国政府之命指挥所有中国在越南的军民，基于中法两国的友谊，必要时愿意协助法方解决困难。至于保证工人不反抗工场的迫害，无此义务，所以我个人丝毫没有理由来接受或者执行塔西宜将军的建议及命令，假使贵方有办法对付这次罢工事件，我就不必再来此地。

戴乐里中校显然感到不安，从旁解释说，因为塔西宜将军知道我在工人中的威望，才作此请求，希望我不要把意思误会了。

戴叶却仍甚固执，他认为工人被征到矿区一年未曾闹事，就在上月我视察以后，接连发生了罢工，好像是我有意鼓动起工区的工潮。

此时，我已感到极端不耐，不愿意再为一些无聊的谈话浪费时间，只简单地表示，我之来此，是交涉释放被拘禁的十五名中国义民，并且设法使其他义民以后不再受到虐待。

我说完后立刻离座，到"领事馆"去休息。

尔后，乘一艘小汽艇去康海，小艇驶出了混浊的红河，进入东京湾，蒙蒙细雨，在海面上结成一层层的烟圈，冷风卷起了浪花，打得艇子不断的摇曳。我闷坐在舱里，想起这些日子的折磨，深切体味到寄人篱下的痛苦。

薄暮，到达康海。鸿基煤矿公司总经理克来瑞立刻邀请晚宴。我告诉戴乐里：在公司方面未将被拘的工人释放之前，我拒绝接受公司的招待。

当晚被拘的工人释放，遣送富国岛。公司方面自承处置失当。并表示以后如发生问题，将透过法国军方转请我来解决。

翌晨，召集矿区工人讲话，勉励他们以忍耐和团结来克服困难，并监督他们选出了新的队长，当天立即复工。下午赶回海防，搭机南返。

回到西贡后，见到了来越视察的"外交部"法国科科长刘达人同志。刘同志来越的目的，是实地了解状况，看要用什么办法才能使留越我军尽速运回台湾。刘同志详细告诉我："政府"对于留越"国军"异常重视，塔西宜将军访问美国时，顾维钧"大使"曾多次和美国国务院助理国务卿艾理生会商，希望美政府向塔西宜建议，尽快解除这支部队的软禁。并云顾"大使"在华府曾亲自造访塔西宜，塔氏也表示只要不引起共军介入越战，法方没有理由需要每年耗费美金三百万元把自己朋友的手脚捆住，主要就是恐怕遣走留越"国军"，会被共党作为"入侵"越南的借口。

由于我方对此问题特别重视，返回台湾的希望，已逐渐发现可能的新机。

我告诉刘科长：部队入越，瞬即两年。食不饱，穿不暖，药品缺乏，尚在其次，最重要的是官兵精神上的苦闷无法排解，一旦发生意外，我实无颜去见蒋公。

刘科长说我方最近已准备服装三万多套，大概周内即可运到。食物不足和药品缺少情形，希望提供资料，将由对外途径向法方提出交涉。

十一月十四日上午，我邀集了尹"总领事"、刘科长、彭佐熙中将、梁汉少将在"总领事馆"举行了一次座谈会，研究有关部队的问题。

尹"总领事"指出：留越我军问题谈判的搁浅，主要是由于西贡和巴黎两方面的外交负责人互相推诿责任，其次是塔西宜将军的固执和顽强，根本拒绝考虑我军的回台问题。

归纳大家的意见，认为法方羁留我军不外四个原因：

一、畏惧共党以此为入侵的借口。

二、万一共党介入越战，可能予以装备。

三、利用大批劳力开发矿场及橡胶等生产。

四、以留越我军为典质品，向美国讨价，争取美援。

由于越南战局的继续恶化，富国岛已有少数越盟分子渗透或攻击，对部队的安全，感到十分隐忧。我是部队指挥官，一切只有听命于台湾。但迫切希望台湾对留越我军的行止作明确而有效的决策，只要解除我们的软禁，恢复自由，就地装备或运回台湾，我有绝对的把握可以达成任务。

我根据各人的意见，作成纪录，另外并备文报告"行政院"陈院长及"参谋本部"周总长，申述留越我军的实际困难情形。

我想到如果短期内不能回台湾，至少在生活上也应该略加改善，由于长时期苦闷的积累，意志脆弱的官兵，不免会要铤而走险。最近以来，发现有人逃亡，使我的顾虑加深，我的忧伤，也与时俱亟。

## 绝食抗议

在长夜漫漫中，我想到塔西宜将军既如此固执，我们被软禁的时间，势将无限期的延长，本身如能采取一项比较强硬的抗议行动，或者有助于对外交涉。但是这项行动，既不能违背国际公法，又不要影响"中法两国的邦交"，以何种方式出之，使人煞费推敲。由于偶然的灵感，我想到了集体绝食。我把这意思告诉梁汉少将，当梁少将到金兰湾去视察时，他乃向该营区的官兵作此暗示。

梁少将在金兰湾营区暗示之后，立刻获得全体官兵的响应。于是研究绝食的日期及方法，有人认为十二月十三日是我们进入越南的一天，这天全体官兵绝食一日，把粮食送还法方，作无言而沉痛的抗议。这种甘地式的消极抵抗，既无损于"政府"维护"邦交"的苦心，也可避免恶劣的后果。

抗议的方法，得到大多数人的支持，但绝食的时间，必须商榷。他们认为十二月十三日仅是我们三万多人遭逢不幸的日子，与整个世界人类，并无关连，即使引起一点点同情，反应不会太大。绝食的目的，是扩大国际宣传，希望以国际间的正义力量，来影响法国人放弃成见。所以当另外一人提出十二月廿五日耶诞节绝食时，大家都热烈举手赞同，于是成立了一个金兰营区争取自由委员会。

梁汉少将返抵西贡，带回了金兰湾营区争取自由委员会的报告，要求富国岛也同时采取行动。

我仔细考量过绝食运动，有几种好处，一方面可以提高部队的团结精神，另一方面可以考验各级部队长对部属掌握的能力。惟一的顾虑是官兵们长期缺乏营养的身体，是否禁得住饥饿的煎熬。

这时已是十一月下旬，我正准备到富国岛去点名，为了保持绝食运动的机密，决定把金兰湾争取自由的文件亲自带去，以免邮递时被人检查，遭遇阻挠。

十一月廿九日清晨，乘法方巴班号轮首途富国岛。算旧历明天是十一月初二日，为我五十初度之辰，这个知命之年的生日，将在海上度过。早几天，西贡的朋友有意替我祝贺一番，我却悄悄地把去富国岛的船期安排好，初二的这天，恰好在船上。如此处境，如此遭逢，又面对如此残破的河山，岂敢举杯称寿！不如静静地避开，在海上，藉着辽阔的水天，也许可以暂时忘记新愁旧恨。

十一月卅日这天，我起得很早，天气分外晴朗，太阳像一个金色的绣球，徐徐上升，海不扬波，只有轻柔的谷纹，在船头翻起一层层碎白的浪花，充满了诗情画意。然而我搜索枯肠，却捕捉不住诗中所需要的灵感，许多怀念和感触，只好让它藏在心底。

船到阳东已午夜，我延到翌晨才登岸。

到阳东后，我把最近台湾向法方交涉的情形告诉了全体官兵。同时暗示富国岛营区应该和金兰湾采取同一行动，在耶诞节举行绝食，向法方抗议。

然后，转往介多营区，也同样作此表示。

以后，三个营区如何进行绝食运动，我则未加过问。

这次去富国岛，主要是清点人数，解决士兵逃亡的问题。逃亡的原因，是由于精神太苦闷，生活太贫乏。其次当然还有许多奇微的因素，如土著及华侨女子的勾引等。

记得南移富国岛后，法方第一任联络处处长霍塞尔上校曾经郑重其事地和我谈过官兵性的问题，他提议仿照法国军队设置营妓的办法，在集中营也同样设置。我则因为中国士兵对这个问题具有忍耐的深度，且部队的行动尚未决定，因此，未予同意。

针对逃亡的现象，我对各级部队作了许多指示，最重要的是加强精神教育和保防工作。

十二月十九日回到西贡，得知金兰湾营区准备在圣诞节绝食的行动，已于十二月十日由该营区争取自由委员会以书面照会法方负责人马克少校。这个消息，很快传到西贡，使法方负责当局特别感到惊讶。

戴乐里中校立刻赶来见我，表示法方对绝食行动感到非常诧异，他觉得双方有任何误会或不满，尽可从长计议，不必在举世欢庆的耶稣诞辰，采取不吃饭的办法，要求我给他一个了解真相的机会。

我告诉他：

> 我本人并不赞成他们绝食，因为这两年来他们一直生活得非常艰苦，忍饥挨饿是一种自我虐待。但是他们要自由，你该明白一个失去了自由的人其精神是何等痛苦。因此，我对他们这个行动，无法用指挥官的权力来压制。我希望法方当局能快点把我们送到台湾去，使这件圣诞绝食的事，可以避免。

之后，戴乐里赶往金兰湾作过一次劝说，当然只是徒劳往返而已。他认为只有我亲自前往才能解决，要求我作此一行。我立刻同意他的要求，我同意去的动机，是趁此机会参加他们一同绝食。

可是，当我正准备束装就道时，忽然接到高级专员公署外交顾问处的通知，请我取消金兰湾之行。我意识到某种严重的事件，一定在富国岛发生。

二十四日圣诞夜，我独自闷坐在房子里，教堂的钟声，一阵阵传过来，告诉人们午夜的弥撒已经做完了。

我想到明天有三万多人集体绝食，在人类的历史上，是悲壮感人的一幕。我自己却不能置身其间，为之惭愧不已，但是我决定独自在西贡绝食。

圣诞这一天，我最关心的是三个营区的动态。可是一无消息，使我忐忑不安。

三万多人集体绝食，够使"自由世界"震惊，为求扩大其效果，必须配合适当的时间，把消息向外透露。可是法方在越南厉行严格的通信检查，只要涉及到有关政治性的报导，都会被其检查没收。因此我绞尽脑汁，透过各种关系把争取自由运动的各项文告，向台湾和香港寄出。同时还请一位被迫离越的政大学生李君，用脑子记住了绝食的起因和动机，托香港报纸发布消息。

我希望由于集体绝食出自三万多人争取自由的一股赤忱，

能博得自由世界的广大同情，更希望这坚毅的行动，使法国人了解我们的苦心，改变其软禁的措施，让我们早日恢复自由！

## 匆促的行程

圣诞节这天，我在焦灼的等待中度过。

十二月廿六日上午八时，戴乐里中校来见，说是奉到高级专员公署的命令，请我和尹凤藻"总领事"立刻动身前往富国岛，正式公文随后即送到。

所谓正式的公文，原来是由一位法国军官传达的口头备忘录，直接向尹"总领事"提出，而把我撇开。

传达大意是：

> 圣诞节在阳东发生的事件，其紊乱无纪律的情况，已超过中国军官所能控制的范围，请以中国驻越外交代表的身份陪同黄杰将军，前往制止。迅速恢复原有秩序，并查出领导绝食的人予以惩处。不然，法国军方的海空军已准备出动应付。

这位传达军官就是戴叶上校，尹"总领事"于听完戴叶上校的传达后十分严肃的答复他：如果法国军方不研究事态的起因，而须诉之于武力压制，事态可能更趋严重。同时也拒绝了法方请他陪我去富国岛的要求。

当尹"总领事"正来告诉我刚才与戴叶上校会谈的情形时，戴乐里中校忽然跟踉而至，说下午二时有一架飞机，直飞高棉的白马，要求我搭乘这架飞机去白马，在白马换乘炮艇赴阳东。

自绝食事件发生后，我对部队的安全萦怀不已，亲自到营区去一趟，实在有此必要。所以，我答应立刻动身，随即吩咐随员整理行装。下午二时到达新山上对面的军用机场，同行者有戴乐里中校、戴乐斯少校，还有南圻副司令雷塞尔上校。

在机上，我们决定先飞富国岛上空绕一周后再到白马。下午三时五十分飞机掠过唝呚湾，穿越富国岛的东北山地，到达阳东上空。我倚窗俯瞰，营区显得十分安静，士兵们和往常一样在操场里活动，要不是海面上矗立三艘法国兵舰，根本就找不出有事态严重的任何迹象。四时半飞机在白马降落，白马机场距离市区约十四公里，因为法方兵力单薄，不断受越盟及高棉自由共产党伊萨阿的破坏，早就成为废墟。我到之前，先有一排工兵来验跑道，接着又有一连装甲兵来担任警戒。在高棉，这算得上是一件劳师动众的事，由此也可以看出法国军方对绝食事件的惊恐。

白马与高棉唝呚省的属地，背山面海，环境相当幽雅，在海滨椰树之下，有数十幢小巧的别墅，供人憩息，因其天然浴场波平沙洁，在越南三邦是一个久负盛名的避暑区。集中在此的我军高级将领四十二人，即分别住在这些小巧的别墅里，由成刚中将负责指挥。

晚上，我召集各高级将领作广泛的会谈，大家都希望由于这次绝食行动能为我们无限期的软禁带来一线曙光。每人都感觉到，失去了自由的生活，实在是太难忍受了。

午夜十二时，我们乘舢舨登上炮艇，翌晨六时，到达阳东港外。法军在营区的负责人白利文少校驾机帆船来接，同在船舱用早点，他约略告诉我圣诞节阳东营区绝食的经过。

从白利文少校的报告中，使我感到十分诧异。绝食之日，西贡法方当局根据下级的报告，认为阳东营区发生许多不愉快的事件，完全是我的参谋长何竹本少将一手所导演。当时戴叶上校也提请尹"总领事"转告我，要我考虑调换营区的负责人。可是白利文少校却向我一再地推崇何参谋长，他说圣诞节这天如果不是何少将处理得法，他本人以及驻阳东的法越部队，几乎会被赶下大海。

至此我才明白营区并未发生严重骚乱，而且已经恢复常态。

下船时，我告诉雷塞尔上校："你这次同我来到这里，是作潘迪将军的代表。假如遇到牵涉中国军队的问题，我很乐意协助你去解决。"

这位老上校与尹"总领事"为旧交，显得很文雅而沉着，我们之间很快就建立了友谊。

他很谦逊的回答我："将军，我是奉令陪你来的，你要我做什么，准我做什么，我才去做。"

一九五二年十二月廿五日以前，争取自由运动的各项必要措施，与事态扩大时的应付步骤，三个营区都已经研究停当，在行动上取得一致，并且组织了一个"中华民国留越国军争取自由委员会"，印发各项重要文告，谱出自由之歌，热情化为行动，共闷发自心声，结成一股沛然莫御的力量。

在此，我顺便把争取自由的宣言和一首悲壮的歌记下来：

## 宣　言

自由世界的人士们！

亲爱的官兵同志们！

我们进入越南，已经整整两年了。

在这两年当中，我们不仅吃尽了苦，受尽了罪，甚至连世界人类所未经历的，我们都经历了！两年，整整的两年！这漫长而暗淡的岁月，简直使我们不敢回忆。因为，这里面埋藏的是血，是泪，是辛酸，是悲愤。

两年！这并不算短的岁月，小的大了，壮的老了，老弱的死了！人生有多少个两年，尤其在这风云的时会。

同志们！我们是有志气，有血性，有作为的一群，我们就这样任人摆布？任人宰割？或者就这样老下去吗？

不能，当然不能……

然而，是谁使我们滞留在这不着边际的荒芜孤岛，过着人间地狱的生活？是谁使我们不能走向"反共抗俄"的最前线，实现我们的抱负与志愿呢？无疑地，是那背弃信守的法国友邦。这并不是我们妄加指责，而是铁一般的事实。当初我们进入越南，与法方交涉的是"假道回台"，但当我们遵照协定，将武装缴出后，法国人却把我们以不明不白的身份集中软禁起来，一直到现在。

不管他们把我们视为友邦也好，视为俘虏也好，但对人类生存的基本权力——衣、食、住、行四项最低需要，岂可加以剥夺。可是，请看看法方对我们的待遇怎样：

衣的：两年来只发了一套衬衣。

食的：过去我们在国内，每天每人最少有廿五两食米，现在法方给我们的还不到十六两，至于副食，一周的分量还不够两餐。

住的：在越北时把我们因在一片废圩上，现在也是如此。

行的：画地为牢，还谈得上什么行动自由。

再以医疗和安全来说，每天所发的药品，经常是不够病患需要量的半数。

诸如此类，无一不说明他们在驱使我们走向死亡，使我们饿死，病死，困死！

容忍、宽大、不念旧恶，是我中华民族的传统精神。本来，我们还希望他们这种行为，只是一时错觉，不久当会改变的。不管他们对我们好也罢，坏也罢，只要能够让我们回到"自由祖国"的台湾去，一切也就不再计较。因此，我们尽量地在等待，在忍受。然而到今天，已经两年了，"共匪"侵略世界，奴役人类的一切野心和事实，都摆在他们面前，但结果仍然无效。

我们为了生存，为了自由，实在不能再忍受，再缄默了！我们要向法方提出抗议，要向联合国提出控诉，并向全世界的自由人士发出我们沉痛的呼声。

我们今天，第一是要自由，第二是要自由，第三还是要自由。"不自由，毋宁死！"自由就是生命，生命就是自由！

我们不畏凶残，不怕强暴，谁要危害我们的生命，剥夺我们的自由，我们就誓死与他搏斗！

今天我们一致的要求，是让我们回到"自由祖国"去，而且是不达此愿誓不休！

### 争自由之歌

我们要自由，我们要自由！

我们为自由怒号，我们为自由奋斗！

不自由，毋宁死！

自由就是生命，生命就是自由！

谁剥夺我们的自由,就誓死与他搏斗!

圣诞夜开始,争自由的歌声,唱遍了整个营区,这雄壮悲凉的曲子,像一股浪潮激荡着,把每个人两年来积在心头的苦闷尽情地宣泄。大家都希望这悲壮的声音,能震撼世界,向我们伸出同情的援手。

晚上,各部队将绝食的米粮蔬菜油盐等清算出来,送还给法方补给站。大家以严肃的心情,准备迎接神圣的为争取自由的绝食运动。

在阳东——

圣诞节上午八时,全营区所有官兵、义民、眷属齐集飞机场,举行绝食宣誓大会,由政治部主任李永宽担任主席,隆重的宣誓典礼,即告完成。然后各部队回到自己的营房内,静默的绝食。

事先,何竹本少将曾通知白利文少校邀其前来参观绝食宣誓典礼,白利文因恐有他在场会引发官兵愤激的情绪,谢绝了这项邀约。

当宣誓典礼结束后,法方营区只是一片森严的戒备,对我们举行的绝食运动,似乎不愿意过问,也无意作进一步的了解。如此一来,我们饿着肚皮向法国人表示精神上的抗议打了折扣。因此大家都感到非常气愤,一致认为,在绝食运动进行的同时,应该有一点示威行动,以扩大运动的效果。

于是，一群有组织的官兵，经过何参谋长的默许，冲过中山桥，进抵法军营房附近，洪亮的口号，惊动了各部队，一时之间，冲过桥去的人愈来愈多，何参谋长顾虑到太多的人拥向法军营房，将难以维持秩序，群众的心理一经引发，其事态可能变坏，乃下令宪兵队长封锁中山桥。可是桥虽封锁，而示威的人群，不肯罢休，相率掉转头来，涉水而过，何参谋长为了要平息事态的扩大，亲自跃入水中阻拦，这些镜头，全被站在窗口的白利文少校所目睹。所以后来白利文认为何参谋长是息事的功臣。

示威的群众，在法军营房附近跳动呐喊，情况愈来愈紧张，白利文少校及其所属都躲入房子里不敢出来，最后外事科人员告诉白利文少校：假如要使这群示威的官兵安静下来，只有把"中国国旗"升起。

白利文少校接纳了这项建议。不久，一面青天白日满地红的"中华民国国旗"就在法方旗坛徐徐升起，顷刻间，骚动的场面立刻变得异常肃静。大家看到"自己国家的国旗"，在异国的天空中飘扬，欢欣愉快之情，无不潸潸泪下。

两年以来，我们羁身海外，没有看到自己的"国旗"，虽然在集合的操场里时时想升起"国旗"，但被法国人所阻止。今天，看到了"国旗"，真好像有一种说不出的暖流，透进心窝。

围在法军营房附近的官兵，犹如获得了一件珍贵的礼物，安静地回到自己的营房，一场不得开交的纷争，乃告平息。

正午，整个营区看不到一缕炊烟。

在医院里，刚刚生下孩子的两个母亲，也拒绝进食。

下午四时左右，白利文少校用电话报告何参谋长："阳东营区南端发现越盟部队多股，拟请海军开炮轰击，请贵方不要误会。"

一时炮声隆隆，平静的局面，又掀起了激动，大家都认为这些炮声是法方有意的威胁。

炮声甫停，飞机的声音又起，四架轰炸机和一架驱逐机飞凌营区上空，俯冲示威，达三十分钟之久，群众的情绪，更加激张。

于是，何参谋长紧急通知白利文少校，如果兵舰与飞机还不撤走，群众的示威行动，马上就要继续。

白利文只好照着何参谋长的吩咐，通知飞机和兵舰尽速撤离阳东。

在介多——

圣诞节这天在平静中度过。

第二管训处的官兵和预干班第一总队的学员于宣誓绝食之后，即各自回营房休息，因为法国军方在介多的负责人，为恐节外生枝，先一天就把武器弹药封存起来，所以双方都未发生任何争执。

在金兰湾——

金兰湾营区是这次绝食运动的发起者，各项准备也比较充分，他们一连绝食三天，全体露宿在沙滩上。其中老弱的义民及襁褓中的婴孩，也未曾中途进食。

营区指挥官彭佐熙中将告诉我：连续三天绝食之后，于廿七日中午坐车去接来自西贡的梁汉和戴乐里时，简直虚弱得站不起来，两眼直冒金花，四肢像要瘫痪。

这里有一个感人的插曲：

一个法国外籍兵团的摩洛哥兵，当他了解我们的绝食是为争取自由之后，自动地跟着官兵们绝食三天。因为他的国家尚在法国人统治之下，憧憬自由之可贵，激起心底的共鸣。

原来，"争取自由委员会"向法方提出的照会，内中曾提出如得不到合理的解决，将继续绝食，并将随时展开全面性的不合作运动，或作其他各种不越常轨的合理斗争。总之，不获自由，奋斗决不休止。

法国负责当局，懔于事态严重，深恐引起不可收拾的局面，间接或直接的请我方复食，答应改善生活待遇，并接受考虑软禁等问题。此时，我也奉到台湾的指示，行动问题，应听候"外交"解决。于是绝食运动，乃告停止。

三万人集体自动绝食，而又选择在举世欢度的圣诞节日，历史上恐无前例。我们之所以出此，其动机完全是出于一种追求自由的赤忱。

自绝食运动之后，法方知我军精神不可侮，不久，即转变其过去若干不近情理的举措，态度由野蛮而变为和善，生活待遇，也同时得到合理的改善。

十二月廿七日，我到达阳东后，听取何参谋长的报告，我觉得绝食运动在原则上做得成功，因为透过这项精神上的抗议，可以促使法方认识我们为追求自由所抱的苦心。但在绝食之日，若干过激的行动，如能避免，当然要少给法国人一些借口。

当天下午三时，雷塞尔上校偕戴乐里中校、白利文少校前来司令部见我，谓南圻专员兼地面部队司令潘迪中将将于三十日来富国岛一转。

由于法国军方在西贡一再表示，阳东方面的中国军官已失去了控制所属力量，我为了要澄清法国人这个错误的印象，准备在潘迪中将来时，安排一次阅兵典礼，用事实来否定那些不确的报告。

二十八日上午七时，在阳东大操场集合第一管训处所有部队，举行预阅，邀请雷塞尔上校前来观礼。预阅完毕，我请雷塞尔上校向官兵讲话。他说："中国政府和诸位当前的处境，与法国政府在一九四一年至一九四二年退守北非摩洛哥的处境一样。可是，这种恶劣的局面，只是暂时的。而忍耐必可扭转恶劣，法国于一九四五年凯旋巴黎。诸位一定也可以回去，凯旋南京、北平和诸位深爱的故乡。"

随后，我又请他们看警卫大队的器械操和田径表演。法国军官对于单杠上的大车轮最感兴趣，特别赞扬年逾五十的刘文清队长精彩的表演。

下午乘机帆船赴介多，召集介多营区上校以上官员举行了一次座谈会，检讨绝食运动的得失。当晚，冒着暴风雨赶回阳东。

三十日上午九时半，潘迪中将率领他的副参谋长贾业中校，办公室主任魏安少校，乘一架轻航机到达阳东。

检阅中法双方的仪队，我领他参观第一管训处的环境和内务，潘迪对于我们自建的营房赞不绝口，但特别欣赏培植得像花园一样的环境。他说："一支部队内部环境的整齐与否，可以测验这支部队的纪律和训练。"

十时十分到大操场检阅，受检的部队共计官长七百五十员，士兵八千二百八十七员。整齐的队伍，站满了九百公尺的机场跑道，肃静无哗。潘迪认为在越南三邦境内，这样多的部队集中在一起，今天是独一无二的。

潘迪将军来到越南之前，曾做过法国圣西尔军校的教育处长，对于部队的训练、装备、士气、年龄等都很注意，也是内行。他在检阅部队时，走得很慢，一直注意到最后一排的每一名士兵，一共走了十多分钟。随后分列式开始，十一时十分完毕。部队立即向司令台集合成讲话队形，潘迪将军看了看手表，队伍集合所花的时间是四分钟。他向我笑笑，似是感到很满意。

然后，我请他向官兵讲话，他以低沉而有力的声调说：

这次我是来观察富国岛的法军防务，承蒙黄杰将军如此热烈的欢迎，让我看到这样整齐的队伍，感到十分荣幸。

各位现在羁留在这个岛上，是因为国际环境和其他种种因素造成的，与法国驻远东军参谋本部，南圻司令部，特别是驻守在富国岛上这支单弱的法越联合部队毫无关连。

今天，我亲眼所见，使我深深地相信，各位官长都能使部下彻底信服，而士兵们也绝对服从官长的领导。因此，我再重复一次，希望各位了解驻守在对河的法越联合部队，只是来替各位担任后勤工作，请各位同情他们的处境，不再采取和圣诞节那样的敌对行动，因为小的误会，只要一方稍不冷静，就会引起可怕的后果。

一九五二年即将来临，希望各位旦夕所期待的愿望能在这一年内实现。


阅兵完毕，我在管训总处司令部举行一个欢迎酒会，在酒会中，潘迪将军又一再强调，希望中国军方给予法方驻守岛上的士兵以同情。并且肯定地表示：中国军队是有组织有纪律的队伍，官长绝对可以控制部下。言下之意，似在怀疑绝食事件是由士兵所发起。酒会后，他邀请我和何参谋长等到法军司令部午餐,他希望我给予保证,以后不再发生类似的行动。

在午餐席上,我发表了一次谈话,我说:

中国军队进入越南境内,到今天为止已两年零十七天。这期间,我们假道回台的愿望被阻止,又丧失了自由。虽然我们知道法国在第二次世界大战时是我们的盟友,现在两国又同任联合国安全理事会常务理事,彼此间具有传统的友谊,可是我们却不明白法国军方把这支中国正规军当作什么人看待?敌?友?还是战俘?我们需要解答,如同我的部下在绝食那天致送贵方的照会上所说,我们进入越南的目的,是在假道转回台湾。这一点,我们在未入越境以前,很明白的告诉了法国统帅部,并且得到了法国越北边防负责人的允诺,现在保有双方签署的契约可资证明。可是自进入越境以后,回台湾就始终未见法方提起,最近塔西宜将军却一再公开宣布,中国军队将被软禁到越战结束时为止。事实上,潘迪将军也许比我更清楚越战何时可以结束?然而,我们却不能忍受无限期的集中软禁。

至于绝食事件的发生,完全是我的部下为争取自由所应有的反映而已。此刻,我无法在潘迪将军之前担保类似的事件不致重起。我只希望潘迪将军把我们回到台湾的要求,迅速转报巴黎。我本人及我的部下都很愿意维持中法两国传统的友谊。

潘迪将军听完了我的谈话，表示明天将亲自飞赴河内去看代理总司令萨兰将军，把此行所见所闻写一报告，反映到他的上级。

最后，他告诉我："一切问题解决的锁钥，仍然握在巴黎。只有等待巴黎的回答。"

当天下午五时，潘迪将军乘原机飞回西贡。

潘迪将军走后，戴乐里中校乘水上飞机到达阳东。

除夕，他打电话给我，为了表示中法双方的友谊，拟于一九五二年元旦，举行双方共同升旗典礼。

元旦上午八时，我率领高级官员多人参加法方举办的升旗典礼，"我国国旗"在右，法国国旗在左。九时，阳东营区所有官兵集中飞机场举行庆祝仪式，我想到这次绝食事件已广泛地引起法方的重视，为保持团体荣誉与纪律，特别提醒各级官兵，不得轻举妄动，以免因小害大。

元月二日，一个士兵的尸体在阳东北面的乡村中发现，就在同一天，收到一份越盟的公函，内容是限制我们活动的区域。同时，据主管情报的第二处报告：六名女"匪谍"已潜抵富国岛，勾引我方士兵逃亡。

就当时部队团结的现象来说，这些消息，并不值得忧虑，但既已发生了问题，就必须设法予以应付。因此，我指示各级部队长，尽量减少个别活动，下乡砍伐树木均以团体行动，并对所属严加约束与考核。

元月六日，我回到了西贡。

案头上积置了不少来自各方的电报和函札，全是慰问性的。包括"行政院陈院长"，"国防部郭寄峤部长"和"参谋本部周至柔总长"，以及我的同学和亲友。

卸下行装，立刻向周"总长"发出一封电报，报告绝食经过。

尹"总领事"告诉我许多有关绝食运动的各方反应情形，并交给我一份"外交部"的来电副本，这是"外交部"为留越我军被软禁事向法国政府提出的抗议，措词非常强硬。

此外，尹"总领事"又告诉我曾在美国驻越大使希斯那里探得消息，谓美驻法大使曾就"国军"绝食事件探询过法国联邦部长黎都诺的意见，黎都诺的意见是以正在巴黎养病的塔西宜将军为转移，而塔西宜将军则不认为中国军队的绝食会产生严重后果，软禁的计划，将继续执行。希斯大使坦白地告诉尹"总领事"，美国政府非常同情中国军队的遭遇，但在这位固执己见的法国上将之前，感到无能为力。

我为此事，忽又感到痛苦与彷徨。

营区官兵的情绪久经压抑，经过这次绝食运动，不无悻悻之心，要使之安定下来，除非遣回台湾，实在别无他法。可是，回台湾的希望，又遭遇了暗礁。我想到一经引发的群众情绪，为失望所搅动，随时都可能发生事变，内心为之忐忑不安。几度思量，既然暂时不能解禁，为转移官兵们的注意力，只有换一个领导人。所以，我上电蒋公，请求辞职。我在电文中申述：两年来官兵饱受法方虐待，仇法心理日深，近来且流行"不杀几个法国人，不回中国"之语，如不急谋解决，恐夺枪杀人事件将会重演，一旦双方正式冲突，后果殊难设想。苟延度日，有负领袖厚望。

我之出此，绝非有意规避责任，实有一种不得已的苦衷。

晚上，"领事馆"打来电话，报告塔西宜将军已在巴黎病逝。

这一消息，对所有的法国人是沉痛的噩耗，我的随员，却比之如佳音，他们认为只要这位固执的将军一死，回到祖国的日子就不会太远了。

以一个军人的功绩来说，塔西宜将军对越南三邦的贡献的确很大。一九五一年初，越南局势，已恶化到不可收拾的地步，北圻的重镇高平与谅山，相继陷落。几团精锐的机械化部队在谅山、河内之间的石灰山上被武元甲全体俘虏。中圻一片辽阔的平原也只剩下顺化、芽庄几个据点。南圻的情况虽略佳，但西贡市区的榴弹爆炸案却日有数起，行人提心吊胆。塔西宜将军只身而来，以原有的部队，凭他的威望、智慧、作战经验，在很短的时间内就把危局稳定，接着宁平与海防之役，击溃了号称"丛林之狐"的武元甲，中圻的交通线，逐渐恢复，南圻的越盟部队，被困在沼泽地带，不敢出外活动。他的死，对法国自然是一项无可弥补的损失，但对我们留越的"国军"的解禁问题，可能提前得到解决。

继任的高级官员是高芝埃，总司令由萨兰将军代理。

元月十六日，塔西宜将军在巴黎举行国葬礼，西贡各大教堂也同时举行大弥撒，外交团人员均参加。商店自十一时至十二时停业一小时，各娱乐场所则停业一天，以示哀悼。

我对塔西宜将军的固执，不敢恭维，但对他作战的指挥天才，以及作为一个职业军人所具备的勇敢与决心，则深致仰慕和敬佩之意。

元月二十七日是农历元旦，法国军方顾虑这个节日可能又要发生事故，要求我前往富国岛去度除夕。

为了能和我的官兵共度这个被我们中国人重视的节日，我答应了法方的要求。于是，决定在廿六日以前出发前往。行前，尹"总领事"告诉我：法国联邦部长黎都诺不久来西贡，萨兰将军也正式受任为法国远东军总司令，留越我军行动问题，也许最近就能得到一个明确的答复。

就在此时，我奉到蒋公的电报，蒋公对我个人和留越官兵嘉慰备至，使人感奋极深。蒋公特别提示我：革命事业必从危难中得来，嘱我力持忍耐，把握时机。另外并派林蔚文上将再度来越，我的辞职，未蒙批准。

蒋公的勖勉，给予我精神上的安慰和鼓舞，真是无可比拟。一股极大的勇气，推动着我再去克服摆在前面的许多难题。

二十五日上午八时，我偕随员飞抵金边，换乘小飞机到富国岛。

下机后，何参谋长报告我，谓营区官兵曾于二十一日向法方新到的负责人德西禾中校致送照会。大意是绝食抗议后，迄无答复，将以热血与头颅争取自由，不达目的誓不罢休云云。至此，我才了解西贡方面所以要我赶来富国岛，完全是恐惧绝食事件的重演。

二十六日是除夕，我召集营区官兵作一次恳切的谈话，特别把蒋公拍来的电报读给大家听，指示他们在目前这个阶段必须冷静、忍耐、咬紧牙关，万不可失去理智，我们要从冷静与忍耐的磨炼中把握自己的机运。未经我允许的任何向法方抗议的行为，目前都必须禁止。

农历春节在中国社会里比任何节日都要被人重视，几千年相沿下来的风俗，在农业社会，反映出文化的伦理精神。官兵们大都出身农家，对这个节日的感受特别不同，所以各种戏剧和游艺节目，全部搬了出来，一片锣鼓爆竹之声，顿使营区的空气，变得和谐。

今夜，是我们入越的第三个除夕，官兵的欢乐声竟使我也忘记了紧锁在心头的痛苦。可是，当夜阑人散，万籁俱寂的时候，感怀身世，不由得会泛起一丝丝淡淡的哀愁，还夹杂着一丝怀乡的怅念。"人不寐,将军白发征夫泪!"回廊徙倚,低吟着这句子,不禁感慨万千!

黑夜过后,就是黎明,我们已渡过了无数的黑夜,黎明的曙光,应该是不远了啊!

## 不同寻常的函札

为了要赶回西贡,去迎接来自台湾的林蔚文将军,只好把在岛上停留的时间缩短,农历正月初三,一架小飞机载我到金边转赴西贡。

小飞机在金边机场降落时,发现法国驻柬埔寨专员兼军队司令狄奥少将在一群僧人与学生之间来回踱着,打听一下,才知道他是来迎接柬埔寨国王施亚努自日本游罢归来。施亚努国王的专机到达之后,大约五分钟,欢迎的仪式就告结束。专机飞行员把插在飞机上的王旗取下后,就请我上机。刚刚起飞,大雨倾盆而下,因为云层太厚,花费了比平时多一倍的时间,到西贡已经是万家灯火了。

二月八日,尹"总领事"忽然打电话给我,谓美国退役海军上将柯克伉俪昨日自香港到达西贡,很想能和我见面,探询一些留越"国军"的真实情况。我立刻约定下午三时和他在"领事馆"见面。

柯克上将自退役以后,即以报纸记者的名义常来往于台湾与香港之间，是我方一位忠实的朋友，所以我打算将留越"国军"的整个状况和盘告诉他。

柯克上将虽然年逾六十，大概是由于战场生活的锻炼，精神显得非常健旺。他先问我入越的经过及在越的生活情形，最后谈到圣诞绝食。在我们谈话之中，所有我的回答，都由柯克夫人在旁笔记。

由于我一再提到部队的要求是遣回台湾，柯克很幽默地说："法国政府声称严守中立，把你们软禁在富国岛上，但却忘记了当韩战开始时，杜鲁门总统曾代表联合国宣布台湾中立化，既然都是中立，则由富国岛运送到台湾，似乎也不违背国际公法。"

谈话结束时，柯克翻看我带来的相片簿，希望我把这本簿子让他带回美国去，我当然同意了。柯克上将伉俪离开"领事馆"后，我收到法国驻越总司令萨兰将军的一封信，信上说：

我听到入越的中国军队在圣诞节举行了一次有组织的绝食，特别关于富国岛阳东营区所发生的严重事件，约有数百名的中国士兵对当地驻防的法联邦部队采取敌对行动，幸而这些部队保持沉默与冷静，才未酿成大事。阁下当然明白，假若不是有人向我保证，这些行动是由一小部分人员的冲动而且有共党分子操纵的话，中国士兵的这种行为是极端严重的。

　　为了保持中国军队与法联邦部队之间的友好关系，这次绝食事件的倡导人，应请立即查出，予以惩处。如果不是知道阳东事件发生时中国军方负责人在尽力阻止的话，相互间的信任必无法继续维持，未来的合作，也不能被考虑。

　　根据我所接到的报告，全体入越的中国官兵，都相信一个不正确的宣传，这宣传使他们认为法国军方没有实践一九四九年十二月间他们到达越北时给予的诺言——遣回台湾。

　　我很惊讶这种宣传能够生效。阁下知道，法国当时派在中越边境负责接待的军官们，无权这样的承诺。他们的任务，仅属一种人道上的责任。

　　一、保卫贵部队，阻止共军的追击。

　　二、负责贵部队的给养，因为贵部官兵连日以来均在荒山中撤退，无粮无米。

　　这两项任务都达成了，共军被阻止在边境，贵部也全体得到给养。

　　同时，当贵部队尚未进入越南领土时，法国政府郑重声明严守中立的态度。

　　阁下在一九四九年十二月十九日致法国驻越南高级专员的函件中，曾请求对贵部队返台事予以便利。

　　由于法国政府根据国际法所给的训令，对阁下的请求，未被允许。此项拒绝原因，曾于一九四九年十二月廿三日函告阁下，有底卷可查。

本人认为这些事实，必须让贵部队的官兵了解，同时本人亦相信阁下的威望可以纠正贵属的错误观念。假若他们现在仍然误解所以流落异邦，是由于法国政府或驻越统帅部的专断，他们将否定法国是朋友。

本人必须明白指出，个人对所有中国留越官兵的苦闷并非无动于衷。不幸决定其行止之权不操之在我。本人只能将中国官兵的要求，转呈法国政府。

此外，对于贵部队改善物质生活的要求，只要能力所及，当尽力为之。阁下现在即可告知各位官兵，他们所有的请求如果正当而且合理，会被友善地加以研究和接受。

函中所述，甚为委婉，与过去法方负责人交来的几件口头备忘录，词意迥然不同。但来函所称一九四九年十二月廿三日给我的文件，则并未收到。

我准备复萨兰将军一函，详述我军留越之艰苦处境，并说明长期被软禁的严重性。尤其要表明我本人虽为军队指挥官，但无法控制三万多人心之所向，因为我也是被软禁的一分子。我的作为，仅能协助法方处理重要问题而已。

复函由我亲自起草，翻译后于二月廿日上午送出，原文如下：

二月六日来函敬悉。

中国国军进入越南将近两年，此为首次接到法军统帅的正式函件。

本人并且代表全体留居越南的中国官兵，感谢阁下对我们热心的关怀和善意的谅解。借此机会，向两年来多方面协助我们的法军统帅及各位负责的朋友致诚挚的谢意。

在一九四九年冬天，我们进入越南领土时，双方虽然没有签订一项正式的"外交"文书，但我当时曾明白地告诉贵方边区负责人，我们入境的目的，是假道回台。

同年十二月十九日我致贵方高级专员比容先生的信中，曾恳切地提请迅将入越部队遣回台湾。可是，两年已过，我们似乎被人遗忘。长期的软禁，对一批年轻力壮而且富有爱国心的战士，所受的打击，是难以形容的。此刻，我愿意很客观地把圣诞绝食事件的起因奉告阁下：

在精神方面：全体官兵都是反共的战士，他们怀抱着希望进入越南，无端遭受软禁，使他们失去了希望，同时，更失去了自由，一个失去了希望与自由的人，其内心的苦恼悔恨，是可想而知的。

在物质方面：中国士兵素来以吃苦耐劳著称，可是一进入越境，衣与食都感到异常贫乏，他们得不到最低限度的享受。

在健康方面：由于精神上的苦闷和物质上的贫乏，健康日差。加以海岛的环境太恶劣，医疗的设备不充实，人人有死亡的恐怖。

在安全方面：由于贵方在营区的兵力单薄，我方官兵经常受到越盟分子的攻击与滋扰，生命没有保障。

以上这几种原因，乃促成官兵发起此项绝食运动。运动的本意，是为了争取自由，为了早日达成他们返回台湾的愿望，绝不致对贵方采取敌对的行动。

就我个人来说，为了欲维持中法两国的传统友谊，即使困难重重，我仍未放弃我的努力。我的身份，也在被软禁之列，无任何权力，可以扼制官兵们发自内心的属于善意的要求，只能以精神上与感情上的力量来维持纪律与秩序。因此，我不觉得这次绝食运动是由一小部分人员的冲动，尤其我要负责的说明绝无共谍从中操纵。

假如这项绝食运动是由某一些破坏分子所鼓动，则这个运动所产生的后果，本人亦将感到难以设想。

我是部队的司令官，所以能正确而且客观地了解他们的行动，他们之所以忍受饥饿的煎熬，无非是要促使贵方以及全世界人士听到他们的呼声而已。

我恳请阁下注意，任何一种被少数阴谋者所鼓动的风波，很容易被镇压住，但对一批苦闷失望寻求正当出路的群众，任何强力的镇压，均将归于无效。

依我个人的意见，惟一有效的解决办法，就是针对他们苦闷与绝望的心灵予以苏解。

在等待法国政府给我们一个有利的答复时，本人再向阁下表示敬意。


此函送发之后，我的情绪似乎感觉到平静得多。

法国联邦部长黎都诺先生偕其军事顾问瓦露伊将军于元月二十五日由巴黎飞抵西贡。据云黎氏此行是希望安定越南战局，鼓舞士气，不使由塔西宜将军辛苦争来的一点战场上的主动又落到武元甲手里，并且来安排军政两方面的继任人选。所以他们忙着与越、棉、寮三邦元首会谈，直到一月卅日，尹"总领事"尚未和黎都诺部长正式晤面，不过他对黎氏之来，寄予颇高的期望，因为固执己见的塔西宜已经作古，绝食运动给法国人的印象犹新，趁此时机，向黎氏提出要求，或者会有令人满意的答案。

二月廿一日尹"总领事"参加保大皇帝在"嘉隆宫"的宴会，乃正式向黎等提出晤谈的要求，约定廿二日先与瓦露伊及萨兰会晤，廿三日会晤黎都诺部长。

我协助尹"总领事"准备会谈的资料，并就留越我军的现状及对解决此一问题的意见，写成一份备忘录，致送黎氏。

二十二日上午十时，尹"总领事"与萨兰将军见面，萨兰立即坦白表示："绝对同意留越国军的问题需要及时解决，已选电巴黎请示，但尚未获得答复。"萨兰并且表示：现在越、棉、寮三邦的军事由其负责，希望中国军队能与之合作，不再发生去年圣诞绝食一类事件，否则他只有命令驻守在富国岛的法越联军，遇到有骚乱发生，立即收拾武器上船，离开富国岛云云。尹"总领事"向萨兰将军保证，只要法政府愿意接受考虑中国军队回台问题，营区的纪律绝对可以维持良好。

当天下午五时，尹"总领事"又到"诺若敦宫"去看瓦露伊将军，瓦氏爽朗地告诉尹"总领事"，他认为中国军队运回台湾，并不会引起毛泽东的注意，因为共军要进攻越南，随时都可找到借口，不必等富国岛的部队送走后再采取行动，所以他绝对同意应该提早处理此一问题。

晚上，尹"总领事"很高兴的把他和两位法国将军晤谈的经过告诉我，对于明天与黎都诺部长的交涉，他也表示非常乐观。

事实证明尹"总领事"的乐观是正确的，当他向黎都诺部长提出留越我军的问题时，黎氏立刻回答：

> 我对这个问题的意见和塔西宜将军不同，我认为这三万多战士的自由实在不能再拖下去，寻出一条遣送到台湾之路，实为当前两全之计。
>
> 不过，问题就在采取何种遣送的方法？法国是一个

政党林立的国家，任何决策都要透过议会，假如我们马上决定将这三万多人遣送回台湾，国会议员会感觉奇怪，一定要加以质问。他们会责难政府，既然现在能遣送，为什么不在初进越境时让他们走，当时害怕中共以此为入侵越南的借口，现在就不怕他进兵河内吗？何况两年来，把三万多人由北运南，消耗法国的财力，要送该早送。这些话都言之成理，因此，为避免政府政策的自相矛盾，以减少国会议员的指责，我的意思是最好有一个国际性的机构来负责处理，一切要合适<u>些</u>。

请你把我的意见，转告贵国官兵，希望他们再忍耐一会儿，别使我再听到去年圣诞节那样的事。

经过这一连串的交涉，我和尹"总领事"对打开前途重障抱有信心，两年以来的黑暗天日，到现在总算发现了一线曙光。

我用最迅速的方法将黎都诺部长的意思转报台湾，并要求"政府"明令责成尹凤藻"总领事"在西贡巴黎两地与黎等保持联络，以免误事。

二十七日尹"总领事"收到"外交部"的电报，不同意由国际机构来处理，应由中法双方直接洽商，以便在越战恶化时，可作适应环境的处置，电文中指示尹"总领事"设法打消法方提交国际机构的企图。

尹氏随即去见代理高级专员高芝埃先生，把我方不同意借重第三者而希望由中法两国直接交涉的意思告诉他，希望他把这层意思反映到巴黎去。

当时我研究"政府"不能接受法国提交国际机构的原因，大约所谓国际机构，不外联合国或国际难民救济所。如交由联合国来处理，苏联及其附庸国必致从中阻挠，交由国际难民救济所，必先经过调查与筹商，形成旷日持久，法政府转得推卸责任，我当局将无法觅得交涉对手，以进行交涉。

以后几个月，留越我军的遣回问题，随着黎都诺的返法而移至巴黎，由段茂澜"公使"负责。

无论如何，前途的光明已遥遥在望了！

一九五二年三月十一日上午，收到泰国"大使馆"孙碧奇"代办"的电报，告诉我林蔚文将军于今日由曼谷飞西贡。

一九五〇年冬天，林将军曾代表蒋公来越宣慰，此行是第二次。

我对林将军一向敬重，他那负责的作风，无私的襟抱，谦和的态度，在在都使我仰之弥高。

今年一月中旬，我奉到蒋公来电的同时也收到林将军的长函，垂询"禁区近来环境如何？部队情况如何？一般心理所期望者为何？期望于中央者，最高为何？其次为何？"我曾就他所垂询的问题，一一作答。我想林将军此次重来，或许会把我报告他的问题带来一个答案。

随同林将军来越的还有何志浩中将。

他们下榻在我的寓所，我则借住在尹"总领事"的家里。

一经见面林将军递给我一封蒋公亲笔手谕，并以肯定的语气告诉我们，谓：留越我军必须尽速运回台湾，这是我方坚定不移的决策。由于林将军带来的喜讯，不但消除了尹"总领事"对交涉留越我军问题所感到的困惑，也减轻了我精神上许多负担。

此时，金兰湾的部队正准备移驻富国岛集中，为了安定移营时官兵们可能产生的心理浮动，我陪同林将军于三月二十二日到金兰湾作一次巡视。

在金兰湾营区，我请林将军主持国父纪念周，并对官兵训话。他勉励大家坚定立场，刻苦忍耐，在讲到交涉回台问题时，他说："各位所希望的回到台湾，这件事我们的'总统'时刻都在关心，所以再要我来看看大家。诸位回台的问题，经过政府积极的交涉，原则上已得到法方的同意，现在只是遣送的技术，需要商讨。有两个原因促使法方放弃长期软禁的成见，第一法方自己觉悟，如此把盟邦的部队拘禁是不智之举。第二则是我们政府的力量日益强大，希望大家再忍耐一下。"

经此一番宣慰，官兵的情绪，立刻显得安定，少数忧虑南移将是无尽期软禁的人，都感觉到只有迅速到富国岛才能回台湾。

二十四日午后，我陪同林将军等乘火车至芽庄搭飞机转回西贡。因为飞机迟到，便在芽庄那家命名为"美丽沙滩"的旅社里休息一天。

回到西贡，法方联络处久久派不出飞机，延至四月四日才动身赴富国岛。这天恰好是儿童节，阳东营区的儿童在中华小学举行健康比赛，林将军虽然风尘仆仆，仍亲临参加，并且致赠奖品，慈祥和蔼，使得这群无邪的小天使笑逐颜开。

晚上，我们决定了视察阳东与介多两地的日程表。

四月五日上午八时，我下令阳东区所有官兵在飞机场集合，听候林将军训话。下午陪同视察医院。四月六日连续与各部队举行会报。

四月七日，我们乘机帆船到介多营区，我特别指示第二管训处安排操舟和游泳表演，让林将军看看部队水上运动的演练。

这次操舟表演，是集中各部队的独木舟和大船，进退行止，依照口令和旗语而定，船员一律赤膊短裤，分九批驶向介多正面的小岛，再驶回来。驶至半途时，指挥官挥动红旗，所有独木舟都翻过来，船底朝天，船员表演最佳的游泳技术，之后，再把船翻转，按次驶向沙滩。林将军告诉我："这是最动人的表演。"

从介多回到阳东后，我召开了一次整编会议，请林将军出席指导，会议顺利地完成。

四月十二日，我们乘法方炮艇赴白马，慰问集中住此的高级将领。

林将军慰问的日程，于四月十六日结束，当天我们由金边乘飞机飞返西贡。

两个多月以来的视察与交涉，生活一直是在既苦闷又紧张的气氛中打发，过度的奔波，身心免不了要感到一点困倦，这种情形，随着林蔚文将军的返台与黎都诺部长的回法，而给我带来了片刻的闲暇。我正需要捕捉这份闲暇，来滋润枯麻的心田。

这时，留越我军的交涉重心，已由西贡移到巴黎。部队集中后的整编工作，也已迅速而顺利地完成。法方联络处和军需处正在研究如何改善官兵们的给养，医药方面也得到新就任的法方军医总监纪友默中将的协助。整个问题，只是在等待，等待着那个令人欣喜欲狂的回台消息。

从实际生活的体验中，使我了解在任何紧张繁忙的日子里，都需要保持一份闲暇，利用闲暇，来净化生活。几十年来，我很少有机会静下来韬光养晦，长时间的战斗生涯，不容易把生活的情绪调整得非常平衡。因此，我对环境所引起的苦闷也特别敏感。尤其最近这两年，置身如此困苦重重的境地，飘零之感，家国之痛，在在都可以触动我的感伤。为了自己所负的责任，此时此地，实在不能让苦闷再侵蚀我的心灵。

记得古人说过："使其中不自得，将何往而非病？使其中坦然，不以物伤性，将何适而非快！"以目前景况来说，个人不自得的地方实在太多，惟其不自得，所以我必须培养出闲暇，特别是属于心中的一种闲暇，保持其中的那份坦然。

这期间，我不断地阅读，涉猎的范围包括兵学、文学、历史以及时事性的著作。最奇怪的是我对一些小说也发生了兴趣，每当夜阑人静，一卷在手，离奇曲折的故事，往往能引人入胜。此外，我把写字订为日课，借着毫端的转运，领略其中馨逸之趣。渐渐地我已体验到这份闲暇，带给我许多恬淡，使人忘形忘我！

同时，我开始学习填词。本来在少年时，我对诗词就十分喜爱，因为投身戎伍，没法花费太多的时间在这上面。但风樯阵马之间，事之所遇，情不能已，往往也能命笔成句。古人曾谓："欢愉之词难工，穷苦之音易好。"此际我正遭受穷苦的洗炼，心有所感，铸之为词，亦是以浇胸中之块垒。因此，在这段时间，我填的词和作的诗，比往年都要多。透过诗词所特具的灵境，又使我感受到一些难得的宁静。

自去年圣诞绝食以后，法方对改善营区生活的诺言，逐渐兑现。一九五二年三月份起主副食的补给，在质与量上都比过去要好。每人每日计发大米七五〇格兰姆，蔬菜三〇〇格兰姆。其他如茶叶、白糖、烟丝、火柴、肥皂等也能勉应所需。无疑地这是我们以果敢自强的行动所争来的收获。只要物质上的待遇有了改善，一般官兵的浮动情绪，也较易安定。

一九五二年六月一日，我收到"国防部"的电报，得悉台湾已设立留越我军处理小组，由"国防部"次长徐培根上将负责主持，"外交部"司长袁子健先生襄助。就留越我军各项请求，尤其是遣返台湾问题，积极进行交涉。我们回台的愿望，已指日可待。

这时，金兰湾的部队已全部集中富国岛，我急须看看部队集中以后的情形，决定立刻到富国岛走一趟。当我通知戴乐里中校替我准备交通工具时，他告诉我：黎都诺部长曾表示希望他的特别助理柏尔登中校能找一个机会和我同去富国岛看看。我当即表示欢迎。

六月间，整个中南半岛已进入雨季，海洋的季候风不断吹袭，越南各地气候都不好。阳东飞机场被雨水侵蚀，飞机下降，需先经一番填补。我延至六月四日才偕同柏尔登中校、雷塞尔上校、戴乐里中校乘小型飞机到达阳东。我们到达阳东时，王副司令官天鸣已为黎都诺的特别助理柏尔登安排了一个很有礼貌的阅兵式，以示欢迎。由于气氛的庄重，使这位年轻的中校感到手足无措。他一再向我表示：此行仅只是一种"接触性"的拜访，代表黎都诺部长来观察一下中国军队的实力，竟受到如此热烈而友善的接待，内心感到十分惭愧。

我无意高估柏尔登中校能使黎都诺部长对处理留越我军的决策起什么影响，但我总愿意让所有的法国朋友都瞧得起这支队伍，不要使人家误解这是一群乌合之众，我们必须为自己付出的艰苦，给别人留下一个好印象。

来到岛上，气候一直不正常，每日都是阴雨不晴，海上的风浪也特别险恶。不幸就在此时发生了一件沉船的惨事，一艘机帆船满载我方官兵及眷属由阳东开往介多，因为超载，被港外的巨浪撞击，触上暗礁，船破沉海，丧生者共计十五人。本来每逢雨季，海上的交通应该停止，但因为通介多的公路被越盟破坏，两个营区的交通，只得舍陆就海。我为此不幸事件，感到无比的沉痛，天灾人祸，似乎老是纠缠着我们，不使大家有一刻喘息的机会。

六月十日，天气似乎好转，我急于要去介多处理军官团成立事宜，虽然海上交通的危险性很大，可是我需要处理的事也有时间上的迫切，乃决定冒险出海。机帆船刚刚驶出阳东港口，就立刻感到海面风势的狂猛，船身左右倾跌，震荡不平，白色的浪团打向船栏，有时翻过船顶，水珠溅得全身皆湿。我朝窗外望望天色，只见暴风挟带狂雨，一片阴沉，像要把整个暹逻湾都倒转过来。迷蒙的海上，只有这一叶孤舟，伴着单调的马达声，逐浪前进。

出阳东港向岛的南部驶去，不到一刻钟，随行人员受不住颠连，全都伏地呕吐。我倚在舱口，看清楚船身的起伏和浪花的飞舞，顿然感到生命实在太渺小，这艘二十多吨的机帆船真如沧海之一粟，偶一失手，我们渺小的生命，便归于幻灭。平生驰突于枪林弹雨之中，对生命的安全与否，早已抛诸脑后。在这个惊险的关头，我把一切希望都寄托在操舵者的手中，我相信凭他那沉着而熟练的技术，一定会把我们驶向安全。所以，虽置身惊涛骇浪之中，还能保持一份心底的宁静。

平时只要两小时的海程，今天却花费了将近四个小时，驶进介多湾，已是薄暮时分了。

下船时，我送给舵手五百元越币，以示酬劳。

在介多停留六天，除视察新建营舍外，其余的工作则偏重在军官团编组之上。

部队全部集中富国岛以后，由于给养增加，各部队又致力克难生产，使物质生活少获改善，官兵的精神比以前要安定得多，目下只在等待外交交涉上的成功。在等待中我认为必须继续实施既定的教育与训练计划。于是我指示各部队长：各部队的训练，必须加强，士兵下乡替老百姓作工，必须严禁，同时要使各级干部注意进修，提高其素质。主官要实施"四大公开"，尽到"管、教、养、卫"的责任。实践"心、眼、手、口、脚"五到的要求。

六月十九日，我回到了西贡。

半个月的营区视察工作，所要料理的事，已大致就绪。同时，我也订下了今后的工作方针："不论何时回台湾，首先要安定营区，巩固部队。"

抵西贡的当晚，我通知法方联络处安排和纪友默中将与潘迪中将晤谈的时间。

六月二十一日上午，访纪友默中将于其远东军军医总署，我提出下列几项要求：

一、营区药品，原感不敷，雨季期间，疾病增多，请予加发。

二、介多营区医院设备简陋，病患运至阳东，常受天气所阻，请加强该营区医院的设备。

三、给养方面，蔬菜运至营区，大多腐烂，希望改善。

纪友默中将爽快地答复我：

一、发给中国军队的药材数量与法国联邦部队相等，假如还不够，感到无能为力。

二、改善介多医院的设备，因力量所限，一时恐难办到。

三、蔬菜腐烂问题，立刻转达军需处设法加以改善。

虽然，纪友默中将没有完满解决我的要求，对于此人明快的态度，我却感到很愉快。事实上，法方派在营区服务的医护人员，其素质的优秀及工作的热忱，都使人满意。

廿八日下午，在南圻专员公署会见潘迪将军。我此来的目的，是希望法方增派营区的警戒部队，防止越盟的偷袭，以策安全。因为近来在阳东与介多两地的山区中，常有越盟武装分子出没，且有乘黑夜滋扰营区的情事发生。

当我把来意说明之后，潘迪将军毫无隐讳地告诉我：越盟分子对中国营区的威胁，一直都在关心，但要增加法联邦部队驻富国岛的兵力，在目前是办不到的。他说：现在南圻各地没有一个兵可以调动。随后我要求他发还一部分我们缴存的武器,自行负责营区的警戒。他表示不但其本人不能作任何决定,即萨兰总司令也无权处理,需要向巴黎请示。

潘迪将军天真的说:"最好由中华民国政府出钱招募一批越南士兵来担任岛上的警戒,这样既可以免除北平的任何借口,又可以保障岛上的治安,的确是一个两全之策。"

如此两全之策,我听后真有啼笑皆非之感!最后,他告诉我:"巴黎方面现在已决定先送病患、妇孺、老幼回台湾,只等待国际红十字会的代表来甄别检验,就立刻可以付诸行动。"

我回答他:"我们的要求是全体性的呀!"

法国联邦事务部部长黎都诺先生,于五月中旬返回巴黎以后,不久即往访美国,美国副国务卿艾理生先生曾就留越中国军队的解冻问题,向黎氏提出询问,黎氏也坦率地表示,这三万多在越的中国军队,将尽快遣送回台。

一九五二年七月初,黎氏自美返法,告诉段茂澜"公使",法国政府在原则上同意遣回留越中国军队,有关遣送的方法和技术等细则问题,正由法国外交部研讨中,并且表示俟到越南后再和尹"总领事"详细商谈。

不久,黎都诺先生又翩然来越。于是,尹"总领事"和他的外交顾问欧华尔公使开始接触。欧华尔明白地指出:遣返留越的中国军队,法国外交部已拟就了可行的方案,但是由于内阁和议会尚有不少恐共分子,很难避免一些无谓的阻碍,所幸法国国会已进入休会期，可以利用这个机会，迅速通知中国方面，双方保守秘密，争取时效，把这一再拖延的问题赶快解决。

七月十一日，我驻巴黎"公使"段茂澜正式接到法国外交部的文书，指明解决留越中国军队问题所采的方案。

一、法国政府放弃原定将问题提交国际机构处理的意见。

二、遣送计划的执行，首批遣送者为病患官兵，由国际红十字会组织医务团负责甄别，经甄别合格人员，得准其自由选择愿往之目的地。

三、首批遣送，如不引起中共的危险反应，则续办理全体遣运。

四、请绝对保守机密，以免横生枝节。

法国外交部的文书由段"公使"转呈台北后，我方即作如下指示：

一、中方对于法国政府愿意从速解决留越中国军队一案，表示满意。

二、中方认为全体遣送须视中共的反应一点，法国政府之立场似欠坚定。

三、法国政府既切请保密，而其组织红十字会医务团甄别之计划，势必使本案公开，似有矛盾之处。

　　四、西贡原有日内瓦红十字会代表，并有越南分会，法国政府是否即由该代表或该分会就近办理，以资迅速并保机密。

　　黎都诺先生已在西贡，将约尹"总领事"商谈。因此我根据当前各种状况，研拟尹氏与黎氏交谈时若干意见，并为尹氏准备向黎都诺提出的正确资料。我的意见是：

　　一、红十字会医务团最好由西贡分会选出之医生组成。

　　二、关于遣送人员自由选择愿往之地点一节，可以同意。（我有把握全营区所有官兵绝无一人不愿返回台湾。）

　　三、先遣人员除病患以外，是否能参入一部分健壮官兵。

　　四、预料共党尽多虚声恫吓之外，不致有危险的反应。（此时韩战尚未结束，共党无力开辟另一战场。）

　　五、争取法方对全体遣送的保证。

　　六、运输工具的调配问题。

就在此时，沈祖浔"领事"上楼来告诉我一件颇为头痛的事，就是今天上午的新闻广播节目中，西贡法亚广播电台播出一则消息，谓我三年来曾经两次回台述职。

我感到相当不安，生怕由于这个小问题，对正在进行交涉的遣送大问题生出枝节，增加交涉上的困难。因为，我会想到法方定将以此指摘我们不守机密。所以立刻把法亚广播电台中文组主任甘茂德先生找来，请他予以更正。甘茂德来见我时，带来了一份中、英、法三种文字所写的合众社电稿，重点是报导内子已由香港回到台湾，但后面却附上一段："留越国军为国军在海外的有力部队，黄杰司令官两度返台述职，现正在营区主持训练"云。

我一方面请甘茂德先生设法更正他的报导，另外则准备如何去应付法方的指责。果不出我的所料，约一周之后，"外交部"有电报给尹"总领事"，原文如下："据驻法大使馆电称：法外部告以越南法当局对合众社记者所发留越国军消息，极感不安等语。查该项消息刊载十五日香港工商日报，系因黄杰夫人返台所作的一般性报导，并未涉及最近情形。本部已洽法代办，希再查阅港报，向法方解释。"

经过尹"总领事"苦心的解释，法方外交顾问处同意不再提此事，但迫切希望我方以后能控制通讯，严守机密。

七月十八日上午十时，尹"总领事"到外交顾问处去访欧华尔公使，就我所提供的意见，向法方恳切地表明。欧公使的各项答复，都使人相当满意：

一、关于红十字会区务团组织一案，已经去电瑞士红十字总会请求指定，俟得复电即进行办理。

二、关于中共的反应，如仅只在宣传上"叫嚣恐吓"，当置之不理。如有军事行动，则须待萨兰将军表示意见才能决定。事实上，中共如欲入侵越南，整个国际局势均将改观。

三、第一批遣返人数决定四千人，包括病患老弱妇女等。

四、交通工具仅属于技术上的问题，可以等到具体办法拟定后，再行研究。

五、关于保守机密，因为人多，富国岛的越盟也不少，自难求周至，但希望双方再加努力。

八月初，正是法国的暑假，国会议员都已离开了巴黎。

六日上午戴乐里中校来看我，他说：前两周因为国际红十字会正在加拿大的多仑多开会，我们的案件被暂时搁置。现在新的会长已经选出，本案日内必有分晓。法方对于整个事件的解决已有妥善计划，希望这个久悬未决的问题能在议会休会期中结束。

接着，他又问我：台湾方面第一批接运船只何时来越？我向他表示：在具体办法尚未获致最后决定之前，我无法相告。因为我们的船只驶进暹逻湾，如无一人登船岂非一大笑话？

戴乐里走后，我立刻拍电给"国防部"请示。回电是第一批接运船现正积极筹划中，在全部船只经费及护航等问题未解决前，指示我勿向法方表示态度。

大约一周之后，我得悉国际红十字会已经指定其驻越南代表杜昂负责病患甄别的工作。杜昂已通知法方准备先赴富国岛和矿区胶园等处作实际视察，再作决定。

联络处戴乐里中校有意在杜昂未赴富国岛之前，先介绍和我见面，交换一点意见，但是我拒绝了。我认为他是法国政府邀请而来的，与我这个军队司令官没有直接发生关系的必要，尽管他是替国际红十字会工作，但他的祖国已和共党建立了邦交，尤其使我不乐于接见。

当杜昂准备到富国岛去视察之前，我和尹"总领事"分别接到"国防部"与"外交部"的指示：要我们设法向法方交涉，把第一批回台人员中的伤患改为四分之一。（即伤患一千人，健壮官兵三千人。）我们了解"政府"的用意，怕法方于第一批人员离越后，借口共党威胁而停止全体遣送的计划。

可是，问题的症结，不在于病患与健壮的上面，而在法国驻越当局的恐共心理太浓。如果伤患遣送可以变通办理，则留越我军问题的解决，将不会拖到今天。我和法方历次交涉的经验，深知法方亦以我军留越为一大累赘，不但消耗多，而且安全顾虑也大，只因为对共党产生一种错误的幻觉，使他们对这件事不能打定主张。在目前，这个问题仍然是能解决多少算多少，如果僵持下去，有害无利。我个人的想法虽然如此，但我仍然遵照台湾的指示，在计划中，将第一批遣送人员的素质和数量，以两种方式，分别作业。

我的计划是：

伤残官兵以管训总处直属的荣誉大队为主，计八六〇人，病患官兵以肺病疗养院为主，约二百至五百人。妇孺眷属约二千人。学生一二〇人。部队则以一个总队为单位，共一千五百人，搭配进去。

如健壮官兵占四分之三，则以两个总队加上荣誉大队即可。

不久，我又获悉法方拟邀请一中立国卫生人员参加医务团卫生工作。所谓中立国必定与共党建立了外交关系，我们的问题岂非又要无形中遭受阻扰。因此我偕同尹"总领事"立刻向外交顾问处提出质问。据该处副顾问薛松的答复：法方绝无意把中国军队的健壮士兵留在越南，要采取这个方式，是避免一些干扰，只等医务团组成以后，人数与甄别标准都有伸缩性。就因为如此，才借重国际红十字会的名义，至于如何实施，遣送多少，红十字会都无权过问，这是"中法两国政府的事"。

八月中旬,红十字会代表杜昂将军启程去富国岛之前,我特别去访问纪友默中将。他告诉我:杜昂抵达阳东时,绝不要表示军礼上的欢迎节目,在其留住岛上期间,军事授课以及体格的锻炼必须全部停止。

这位法国军医中将,对我们一向很关怀,我始终记得这位朋友的爽朗和热情。

八月二十三日,杜昂偕同纪友默中将的办公厅主任阿埃塔中校乘飞机到富国岛,在阳东停留四天。视察肺病疗养院,各总队的诊疗室,阳东总医院、仓库,并且亲自去看补给品的分配情形。

杜昂在富国岛和营区官兵有过广泛的接触,因为大家知道他此来与回台问题有关,尽管他一再否认负有特殊使命,但大家一见到他,便立刻表示各人相同的愿望。开始时,他还想分辩一下此行的性质,可是异口同声的重复着,使他无法分辩。由于官兵们所表现的情形,杜昂也了解我们希望回到台湾的愿望,出自一片真诚。

我的副司令官王天鸣中将曾向杜昂指出营区潜伏着一项危机,那就是精神病患者日渐增多,这完全是环境所造成的。杜昂并未加以否认。为了改善官兵们的生活,他还向法方要求改良蔬菜和肉类的补给。

杜昂回到西贡后,极想和我见面。我同意在八月卅一日下午五时接见他。

我们见面时，杜昂坦白地表示：此次赴富国岛的任务，仅是调查被软禁军队的生活状况。由于国际公法的限制，国际红十字会只能站在人道立场，设法改善被软禁者的物质条件。接着他又告诉我：在富国岛时，中国官兵曾递给他许多要求，因为是中文写的，正请法国军方替其翻译，一俟各项资料搜齐，将有一极完整的报告提交日内瓦总会。他希望我提供意见，使报告的内容更加充实，更加正确。

我回答他：我自己并无特别意见，因为我的想法、希望、命运与富国岛上的官兵完全一样。但我向他表示，如果暂时不能遣回台湾，法国政府是否愿意把我们送离富国岛，转移到其他较适宜于中国人生活的地区，即使是非洲或法国本土。

我继续告诉他：自一九四九年冬天进入越南以来，已经两年又半，虽然食物补给方面，经过我们不断的要求，已略有改善。在医药方面，却始终不敷，患病的人数有增无减。同时海岛的生活，极不适宜过惯大陆生活的人居住，尤其是接连发生鼠疫，我们对生命没有安全的保障。所以，我要求他能把这个意见写在向日内瓦总会提出的报告书里，再由日内瓦总会以人道立场求之于法国政府。

我之所以如此措词，自然另有含意。我知道法国远东军总部对四月间金兰湾六千人南移的费用，已煞费张罗，如再要来一次三万多人的迁移，绝非其能力所可负荷。假如红十字会真的把我的要求转达法方，或将促使法国政府加速集体遣送回台湾的决定。退一步想，法方如果接受此一要求，把我们运到越南大陆或高棉某地，只要脱离这形格势禁的海岛，我们可以因应时机，争取自己的出路。

杜昂很关心的问我："将军是否已经想到一个适当的地区？是否顾虑到陆地上会要受到越盟的威胁？"

我回答他："未来的营地和安全，都应当由法国远东军总部来负责。我的意思，只是把我们不能继续留居在富国岛的情形告诉你。"

最后，杜昂表示：虽然红十字会不能决定任何遣送事宜，但他们希望能个别征询官兵们愿往何处的志愿，问我能否同意。

我立刻答复他："绝对可以！"

谈话约一个半小时，杜昂才离开我的住处。

九月十五日，杜昂又偕布爱勒上尉赴北圻鸿基煤矿公司视察。工人们的愿望和官兵一样，都说要回台湾。

法亚电台七月十五日广播中，曾报导我两次回台述职。这个报导在当时是错误的。自一九五〇年年底我到过一次台湾之后，即未离开过中南半岛。

一九五二年十月中旬，经过几番交涉，终于得到法方的同意，于是我悄悄地再度回台。

此次回台，酝酿颇久。七月间，当台湾与法方对留越我军解冻问题的谈判已现端倪时，我和尹"总领事"计议，在法国政府同意遣返的正式文件送达台北后，我们两人联袂回台一行，以便与有关机关商洽接运的交通工具及人员安置诸问题。由于谈判中的细节没有取得协议，"回国"之行，也就拖延下去。

一直等到九月间，杜昂的调查结束后，我仍然没有成行。

九月十七日，我在富国岛作例行视察时，收到蒋经国先生发自台北的一封电报。要我赶回台湾，参加本党七全大会。

二十六日，我由富国岛回西贡，托尹"总领事"向法国外交顾问处探询，是否同意我回台湾。

此时，纪友默中将已去电巴黎，请求由法方医务人员直接负责第一批遣运工作，人数暂定为四千五百人，但如果台湾方面能多派船只，则遣送的人数，临时可以增加。尹"总领事"把握这个机会，向欧华尔公使提出要求，表示出如果让我回台一行，交通工具马上可以获得解决。但欧华尔公使答复尹"总领事"，谓一九五〇年我回台时，经过香港，曾被当地的亲共报纸加以渲染与抨击，使法国外交部受到责难，此行恐不可能。

我当时以为回台毫无希望，不料在十月五日下午，欧华尔公使突然通知"领事馆"，同意我回台湾，但必须确保行动上的机密。

为了避免再在香港遇到麻烦，我决定取道曼谷。

十月十四日清晨,乘法国航空公司的飞机出发,十一时三刻到达曼谷。

西贡"领事馆"事先把我的旅行,通知过驻泰"大使馆",以便就近照料。一下飞机,见到了孙碧奇"公使"、李弥将军、柳元麟将军等多人。我就下榻在李弥将军的招待所里。

飞往台湾的飞机要午夜以后才起飞,我把整个下午的时间在曼谷作一次游览。这个佛教王国的京城,和所有东南亚的都市一样,到处有华侨的足迹,南国的情调也特别耀眼。曼谷市上每一住宅前的浅溪和木桥,给我的印象最深。"小桥、流水、人家",真是最恰当的写照。

十五日零时,从曼谷北飞,八时半到达香港启德机场,飞机在此上下旅客,我在机场的候机室静静地等候,生怕碰见熟人,又惹出一些是非,幸好两小时过后,飞机又腾空而起,午后一时,到达台北。因为我没有入境证,飞机先在军用机场小停,郑介民将军接我下机,乘他的座车驶入市区,下榻铁路饭店。

十六日一早,"国防部"袁次长守谦陪同我一同到阳明山革命实践研究院,参加本党"第七届全国代表大会第八次会议",直到廿日大会闭幕,每次都在座。

总裁在闭幕典礼时曾提到:"本次大会所决定的评议委员中,胡宗南和黄杰两人都是军人,对国家都建有功勋。尤其是黄杰所率领的留越国军,虽然不在敌后,但其艰苦和困难较敌后尤甚。"总裁如此的奖勉,使我感到十分惭愧。

十月二十六日上午九时晋谒蒋公，报告事项：

（一）与法方交涉概况。（二）对部队回台后的处理意见。（三）政治教育实施情形。（四）请发密本以便通讯联络。（五）制发官兵军人手牒。（六）越南政府对总统态度。

蒋公指示事项：

（一）法方原拟老弱病患人员先行遣返，蒋公仍坚持健康人员同时遣返之原则。（二）第二管训处先行遣返，并以团为单位，拨补其他单位。（三）垂询由富国岛去高棉之里程多远，余答：约六海浬，机帆船或自制木排均可利用。（四）取道高棉有无困难？余答：应无问题，因高棉全国仅有军队五千人，均无重武器，更无严格训练，但人数每连多达五百人。（五）蒋公询问高棉部队每连人数何以如此之多？余答：高棉政府规定男子二十岁已婚者，始准入伍，眷属亦随同入营，用意在免其逃亡，故所谓一连，士兵少而眷属多，此种部队，勉可任戍守，自不能作战。（六）最后嘱余从速返越。

在台北，曾参加两次"国防部"留越我军处理小组召开的会议，主要是讨论遣返的交涉事宜，以及接运的技术等。至此我已了解"政府"为争取留越我军全体回台,已有完整的计划,而且正按计划积极进行。目前,属于台湾方面者,仅是接运工作上的困难要克服,运输的费用尚待筹措而已。

"参谋总长"周至柔上将告诉我:留越部队回台的运费约需二千万元,"行政院"尚未批下,将来部队回到台湾后,编余人员安置每人约需二千元,款项还没有筹出,所以要稍加等待。

十一月十一日清晨,由台北飞返西贡。这次我的心境比上次迥然不同,台湾的进步,使我对前途抱有极大的信心。不但苦难的台湾已由风雨飘摇中茁壮起来,我们的苦难,不久也可全部解除。我相信再过几个月,我将率领那批受尽折磨的同志们投向台湾的怀抱!

在我尚未回台述职之前,法方联络处处长戴乐里中校突然生病,诊断的结果,认为非返法不可。从此时起,法国远东军总部即为遴派继任人选而感到踌躇。因为要担任此一繁重的联络工作,非熟谙东方人的生活习性不易为力。最后,法方提出雷坦上校继任联络处长,要我表示意见。法方其所以要先征求我的意见,原因是雷坦上校的现职是越盟战俘总监,怕引起我方的误会。

我对谁来担任此职,并无成见,只要他能确实负起联络的责任,都表示欢迎。不久雷坦上校便接替了戴乐里中校的职务。

当我从台北飞抵西贡时，雷坦上校前来迎接，立刻告诉我有关遣送问题的发展。据称：遣送人数暂定为五千人，但健壮士兵与伤残病患的比例尚未决定。法方认定这次遣送在名义上是"卫生"遣送，一定要在第一批中配搭部分病患，现在医务团已经组织完成，由军医署办公厅主任阿埃塔中校任主席，另外医生两人，红十字会代表一人，秘书一人。等到医务团到富国岛作初步检查后，第一批即可开始遣送。

我告诉雷坦上校：第一批遣返人员的比例数字，留待双方当局来决定，船只俟遣返人员的内容决定之后，即可驶来富国岛。同时，我要他准备交通工具，我必须立刻到富国岛把此次台湾之行的闻见转告我的部属。

自十一月二十六日起到十二月十日止，这两个星期以来，我乘船、坐车、徒步，遍历阳东、介多、白马等营区；剀切告诫所有官兵在大问题即将迎刃而解之际，绝对不许滋生事故，以影响团体的荣誉和前途。

就在我营区巡视工作快要结束时，潘迪将军忽又翩然来岛。我知道他此行的动机，是为即将降临的圣诞节预作防范性的安排。去年圣诞节的绝食运动，已使法国人感到穷于应付，同时也使法方遭受到国际间责难，他们不愿再有类似的事件重演。事实上，我也绝不希望今年圣诞节再有什么抗议的举动。必须在此时表示合作，争取同情，不能使已有眉目的解冻问题，受到阻碍。所以，潘迪一来，我给他以最友善的接待，让他满怀高兴而返。

当我陪同潘迪将军巡视营区环境时，他看到第三管训处新建的营舍，第一管训处在蒋公华诞时完成的介寿堂，以及长达七十公尺的阳东大桥，不禁瞠目结舌，感到十分惊奇。他说："我知道你们即将返回台湾，这个消息，使人兴奋，但我看到这么多伟大的建筑物，一旦人去房空，又多么可惜！"

我告诉他："绝不可惜。只要能够回台湾，我们任何牺牲都可接受。这些建筑物，当然是许多官兵血汗的结晶，留在这里，至少对此地的越南有点益处，比如阳东大桥便算是我们送给越南人的一份薄礼。"

在这里，我要特别一提的是阳东大桥。这座桥是营区通往阳东市区的惟一交通点，因年久失修，大半破烂。我们按日到法方仓库去领取给养，必得经过此桥，法方和越南地方政府都无力重新修建，于是，我指示第一管训处处长张用斌少将利用兵工设法予以重建。桥长七十公尺，从征集材料到建造完成，为时仅只两个月。桥面比以前大约宽两倍，分人行道与车行道，坚固耐用，使南北交通，十分便利。大桥落成之日，越南迪石省省长范文银曾来书道谢，堪称快事。

潘迪带着愉快的心情离岛，我也结束营区的例行巡视，回到西贡。

在前面，我忘记叙述一件很有意义的事，那就是一九五二年十月三十一日，蒋公华诞之辰，留越我军举办了一次为时五天的运动大会，以志庆祝。其时，我尚在台北，事后得到报告，各种竞赛，进行得非常有秩序，有精神，尤其是西堤及金边等地的侨领与球队，都不远千里而来，和营区官兵尽情地欢聚。由于这次运动会，使旅越棉的侨胞加深了对祖国的向往。据一位从事华侨教育的人士告诉我：真没有想到祖国的队伍在这种不自由的环境中，仍能保持如此优良的纪律和严格的训练。

圣诞节前一个星期，恰巧是我五十一岁的生日。本来已和雷坦上校接洽好在这一天派一架飞机送我去富国岛，可是法方临时派不出飞机，为避免惊动侨社及各方朋友，悄悄地跑到西贡郊外，度过生日。

记得去年五十初度，一叶孤舟，在海上飘泊，岁月真不饶人，转瞬又是一年。忽然记起去年泊舟头顿的句子："夜半泊舟头顿口，扰人无奈是潮声。"不禁爽然若失！

十二月二十三日，我又前往富国岛，时已腊尽，我希望能在岛上和官兵们共度残岁。

圣诞节我在阳东度过，营区中平静无事，中国人的心目中除了春节被普遍重视以外，其他只不过是应应景而已。我知道在这个日子里全体官兵的心坎中会掠过一道创痕，它代表着为争取自由的一种崇高意义。我相信三万多人没有一个会忘记这段集中营生活，更无人会忘记在集中营生活中的绝食事件。现在我们已由黑暗走近黎明，我揣想这该是在异域集中营过的一个最后圣诞。

这天，雷坦上校送来一份圣诞礼物，因为找不到火鸡，我只好回敬他两只鹅。

这段时间内，中法双方的交往都有高度的谅解。我发现当彼此所谋求的目标逐渐接近时，只要祛除成见，抑制冲动，其间相差的距离便很容易拉拢。

由于阳东与介多两个营区的训练已纳入正轨，只须稍加督促，便可以按部就班。于是，我把在岛度岁的时间，全部用在军官团的整理。军官团自编组成立以来，学员的甄别考试，干部的遴选，教育计划的厘订，渐次具有规模，一般学习风气也比以前浓厚。此时，我要特别加重精神与思想方面的训练，所以从每天上午八点开始，亲自率领五千多个学员在介多橡胶园里研读蒋公训词。读完的计有八种，这些训词是我在西贡翻印的。我要使全体官兵都深切领悟领袖言行的伟大，加深大家对效忠领袖的信念。

一九五三年元旦接着就到了，元旦这天，我在阳东营区向举行团拜的官兵训话，要求大家在一个新年头的开始，要有一个新的打算，如何把握住自己的机运，创造新的成就。我向大家保证：今年一定可以回到台湾，回台是我们新事业的开始，先作充分的准备，然后乃可左右逢源。

从一九五〇年起到今天为止，在越南我们度过四个新年。回想第一个元旦在越北时那种凄暗的景况，我心尚有余悸。当初面对来自四面八方的威胁和恐怖，真不知何以自存！然而，毅力与忍耐，把一重重的威胁克服，一层层的恐怖铲除，现在光明在望，重见光明，只要我们待以须臾！

# 一抹游痕

一九五三年元月六日，我刚从富国岛回到西贡，就接到报告，谓散布于越、棉、寮各工区的工人，连续发生纠纷。我答应法方的要求，亲自前往处理，于是又仆仆风尘，奔驰各地。

这一次，对工区纠纷的解决较以前有把握，因为法方在我的催请之下，已经商得越南总理阮文心的同意，凡是因战争关系被迫入越的中国难民，如果取得当地中华会馆的担保，可以发给华侨身份证。此外，我也同时奉到"国防部"的指示，脱离军籍的做工人员，可以随同回台。

由于以上两项有力的凭借，我对各工区的资方都振振有词。

在鸿基煤矿公司，我对公司的负责人克来瑞作过这样的表示：假使法国资方认为工人的员额过多而有辞退之意，则三千名由中国军队招募而来的工人，可以立刻由军方运到海防，其中具有军人身份的将赴富国岛，属于平民身份的可留在越北。

以后，我在中圻的大叻茶园，高棉的仕伦、密末、红山仔、竺竹等等橡胶园,也作过同样的表示。

这次工区的巡视,花去我将近一个月的时间。我的旅程是一月八日至十日在中圻,十三日赴高棉,二十五日赴北圻海防,二十七日赴康海,二十九日赴河内,直到二月三日才回西贡。行程所至,差不多走遍了越南与高棉各地。

我的任务,本来是替法方解决工区的劳资纠纷。当我束装待发时,潜意识里似乎预感到,这次旅行,可能是我率部回台以前的最后一次。因此,沿途所经过的地方,都特别引起我的注意和兴趣,即使与我任务没有关联的地方,也要设法顺便一游。

漫游岂止三千里? 留此心头一抹痕。因此,我愿意把游历的观感记下来。

越南这个肥沃而富庶的国度,无论在立国的文化上,民族的血缘上,地理环境及经济背景上都和我国有极其密切的关系。

九十多年以前,法兰西第二帝国在路易拿破仑的扩张殖民地野心的驱使下,侵略的箭头从南圻湄公河平原而红河三角洲,进至中圻的顺化;西元一八八五年中法掀起了战争,由于清政府的颟顸无能,前方的捷讯方奏,而朝廷的和诏忽颁,越南便脱离了我的藩属,成为法兰西帝国在东南亚一个取之不尽的宝库。越南本身的两个藩属——高棉与寮国,也同时被迫接受法国人的统治。

越南本土划分为三部，就是人所习知的北、中、南三圻。

北圻或称北部，法人称之为东京，现在官方宣布为越北，是越南文明的发祥地，面积约十一万五千余平方公里。地形分两截，西北部属泰族地区，以莱州为首府，是云南高原的延长，山高峻，多森林。东南部沿红河两岸，自富寿县以下，进入红河冲积平原，地势平坦，土壤肥沃。散居在这个区域的人口占越南全国人口三分之一强。但是，我经过时，却因为胡志明辈的打家劫舍，从海防向一〇四公里以西的河内走去，沿途所见，既肃杀又荒凉！

海防到河内，有公路、铁路可通。公路与铁路两旁每隔数百公尺就有一座戍防所，这是法国人借以监视越南人民的重要措施。不幸，此时越南独立同盟的势力不断扩张，戍防所也发生不了多大效用，法国人迫得由面守线，由线守点而穷于应付。且由于兵力集中在若干点上，无法机动运用，就是交通的维持，也必须倚靠游动的装甲部队，一到黑夜，横亘红河的长桥被封锁，整个交通断绝。越盟分子便在此时大肆活动，挖铁轨，炸桥梁，毁路面，弄得鸡犬不宁，要到翌晨，法军巡逻车出动，才呼啸而去。

从海防到康海，单程七十公里，可以乘车，也可以坐船，除非遇有风浪，一般旅客则宁愿坐船，以免中途遭遇拦劫。这次我是坐的汽车，车子在广阔平坦的柏油道上奔驰，虽然隐伏着战争的危机，但仍然可以见到海防这个港口的繁荣面。据云大战以后，每年出入口总吨位在一百万以上，水泥厂的出品不仅可以供给越、棉、寮三邦所需，还可向香港或其他东南亚地区倾销。华侨在此，只有两万余人，但却把握了经济上的锁钥。更因为一九四六年中法两国在重庆签有协定，规定海防为自由港，华侨享有最惠国侨民的待遇，愈使他们的活动范围加大。自清末滇越铁路筑通之后，此处对我国西南腹地即具有重要的经济价值。现在因为"共匪作乱"，扼断了中国人民向外发展的生路，越北又在"赤色逆流"冲激之下，险象环生。一切的好景，真如镜花水月。

河内，这地方给我的印象最深。一九四九年冬，我初进越南，便在此处失去了自由，那幢位于黄阿里文路的阴暗小洋房，犹时时勾起我的创痛。当然，这里仍不失是一个典雅的都市，宁静安谧恰与海防的嘈杂忙乱成对比。波柔水滑的剑湖，确能使人流连忘返。而巍峨庄严的孔子庙，更可以说明中华文化流传的深度。越南接受中华文化的薰陶，为时最久，不独孔子的学说为朝野所景行，即马援的行谊，也被越南人奉之为神明，伏波将军庙的香火，长年鼎盛，即可见其一斑。使我这个违难南来的人，身历其堂，感到无比的慰藉。

走遍北圻，我不感到置身异域，无论是风俗、人情、语言、物品，都与我国桂、粤两省相近似。尤其植根深厚的儒家精神，在这些地方表现得比国内还要醇真，不禁使人兴"礼失而求诸野"之叹。

中圻，或称中部，法国人名之为安南，官方宣布为越中。中圻是越南三圻中土地最大的一圻，面积约十四万七千六百余平方公里，人口也有七百余万，但由于背山面海，土壤浇瘠，人民大都以捕鱼为生。

从历史的记载中，乃知安南民族定居中圻，为时仅三个多世纪。中圻的南部，以前是属于马来半岛的占族人（Chams）所有。越占两族，曾经多次斗争，最后越南消灭了一部分占人，同化了另外一部而奄有中圻。

我每次经过芽庄赴金兰湾时，总顺便去游览一下芽庄附近的"太子塔"，这个塔呈三角面，建筑的风格充满着佛教的浓厚色彩，塔上供奉的一尊神像是占人，石碑刻的是梵文。我国历史上曾记载交趾南方有占国，或即此处。

中圻的首府是顺化，也是安南阮氏王朝的京城。大约百年以前，嘉隆王在法国志愿军协助之下，统一全越，首先得到清廷的承认，改安南为越南。随后嘉隆王选定这个香河之畔的都市为京城，仿照北平皇城的建筑方式，盖起一座辉煌的宫殿，名之为"勤政殿"。可是他的后裔保大自法国学成归国，就任皇位，却不愿长年住在这里，大部时间都住在郎平高原的避暑胜地大叻，仅于逢年过节，才回顺化省亲。

顺化之南是芽庄，此处风景绝佳，柔软的沙滩，茂密的树木，空旷的海天，酷似我国的青岛。

从芽庄乘飞机向西南行，约二十五分钟，眼前所见，直如绝嶂屏开，飞机徐徐下降，有置身清凉世界之感，这就是保大皇帝经常驻跸的大叻，也是越南最负盛名的避暑地。

大叻居郎平高原顶端，位于安南山系尾部，东面临海约八十公里，南到西贡约一百五十公里。从机场至大叻市区有二十三公里，路面宽阔整齐，因为保大经常来往，许多黄色指标，竖立于转弯抹角之处，隐然代表着一种皇权的尊荣。

大叻的气候，与我国的昆明相若。四季无寒暑之分，虽然冬天的早晨，温度仅只摄氏八度左右，但到正午，太阳一出，便可升到二十七度之高。有人告诉我：这里唯一的缺点，是雨季的时间太长，晴朗的日子太短。但我却非常幸运，四次大叻之游，都有和煦的阳光，在风尘仆仆之余，能消受一点自然的情致。

大叻市区建筑在郎平山顶，市区内有一个不到一平方公里的人造湖。因为这儿是越南唯一的清凉胜境，前来避暑的大都是有闲有钱阶级，所以供应游客下榻的建筑物，也极尽典雅、美观、舒适、大方之能事。街道的广阔、洁净、幽雅，在越南全境，无与其匹。

清晨，迷蒙的晓雾笼盖了湖面，遮去了半个山城的面目，从"郎平宫"旅社的平台上远眺，只见苍茫的云海，云海的树梢。刹那间，远岫云飞，湖面映带着灿烂的朝霞，这是一幅不要着色的图画。傍晚，清远的钟声，顺着柔和的山风，滑过小湖，飘过树梢，一声声飞到山的那边，响起越宕的回音，简直就是一首不要润色的诗篇。"猛雨自随汀雁落，温云常与暮鸦寒。"如此清幽的境界，真使人心旷神怡。我曾触景生情，作过一首纪游的鹧鸪天词——

　　一片烟霞仰碧空。缅怀身世纪游踪。云如有意遮山色，花似无情遍野红。

　　羊浴日，鹤擎风。芒鞋竹杖小桥东。呼来绿酒成微醉，卧听松涛古寺中。

　　还有一项值得提起的，是西贡和堤岸一百余万人以至富国岛三万多部队，蔬菜的来源全仰赖于大叻。由于气候适宜，土壤肥沃，大叻的菜蔬，不但种类繁多，而且肥嫩新鲜，可以与台湾的员林媲美。

　　离开大叻乘飞机向南行，越过安南山脉在半岛上最后的一个山峰，飞机立刻从一千五百公尺的高空降至一块辽阔的平原里，这就是湄公河冲积平原。湄公河的上游是澜沧江，从发源地青海南部，经西康、云南，以至寮国，都是水流湍急，无舟楫与灌溉之利可言。但流至越南南部，却发挥了最大的功益，从朱笃县起，湄公河分九条小河下注入海，北迄西贡，南达蓄臻，越南人称之为九龙江。南圻全境六万四千七百余平方公里的土地，除了北部丘陵地带外，几乎全部直接或间接在湄公河水系灌溉之下。这块拥有五六百万人口的肥沃平原，不仅是越、棉、寮三邦中最富饶之地，同时与泰国的湄南河冲积平原，缅甸的伊洛瓦底江三角洲，并称为东南亚三大产米区。

北圻和中圻面积的和，虽然等于南圻的四倍，但是后者的耕地，则远较前者为大。南圻的耕地约一百二十八万七千公亩，超过北圻与中圻的和约一倍。南圻年产量一百八十七万吨，中圻十万六千吨，北圻六十二万吨。从这几个统计数字来看，南圻对越南实具有最高的经济地位。因此，谁能掌握南圻，谁就控制了越南。

如果说越南的精华在南圻，那么南圻的精华，便该算是西贡。这个新兴的都市，拥有七十余万人口，由于四通八达的河道、铁路、公路等交通网，以及进出口贸易上有富裕的腹地，短时间就跃居越南三大国际港的首位。第二次世界大战后，又成为越、棉、寮三邦的政治中心。

九十多年以前，法国人侵入越南，是以南圻为跳板，所以西贡的城市型式、道路修筑，以及实质生活中所表现的情调，都带有相当浓厚的法国风格。这里具有一切现代工业化城市所必须具备的条件，但缺乏河内的雅典，顺化的秀逸，大叻的宁静，这是一个属于现代商业社会中的都市。

西贡有一条最热闹的吉甸那街，商店大部分是法国人开设的。烟、酒，女人的化妆品……五色缤纷，看来目眩。此时越盟的恐怖分子已出没在西贡、堤岸一带，榴弹爆炸案件，时有所闻，但法国人却若无其事的在享受他们生活中的闲逸，看不出匆忙，也看不出忧虑。

西贡最大的建筑，除"哥的克"式的天主教大礼拜堂以外，法国高级专员驻节的"诺若敦宫"，也十分雄伟。传说保大之所以长期住在大叻，不愿南来，就因为没有一幢适合他身份的宫殿。

一般人都认为西贡与堤岸是两个完全分割，各成一个经济单元的城市，事实并不如此。这两个城市有如骈枝，彼此之间息息相连。西贡距离堤岸只有四公里，电车、汽车，交通异常方便。堤岸五十万人口，百分之九十以上是华侨，且以广东人为最多。因面积仅两平方公里，所以房屋栉比，街道狭窄，与西贡的宽敞整洁不能相称。

堤岸有一家名叫大世界的赌场，由一个拥有私人武装的越南土豪所开办，是一个罪恶的渊薮。据说这个赌场平均每天要毁灭两个越南人和一个中国人的生命。尹"总领事"曾经向越南当局提过建议，封闭这个肮脏的场所，但由于每天可收税款将近六十万元，越南政府没有采纳他的意见。

堤岸华侨经营的活计以碾米为主，据统计每天有五万吨以上碾成的米外运。

我在西贡留居的时间，和堤岸侨胞有过广泛的接触。看到他们终岁辛勤，胼手胝足，无一不说明中国人创业精神的伟大。可是，在当时，我就觉察到由于机械工业的发展，土著民族的意识水准逐渐提高，排外心理随之激烈，华侨的处境，已面临危机。我曾多次提醒侨胞们注意生存条件的培养，以适应新的变动。

在法国人所谓印支三联邦中，居次要地位的是高棉。

高棉又称柬埔寨，这块十八万一千平方公里的土地，西北与西南都是绵亘的山脉，东部则为湄公河流域的冲积平原，中部属于大湖盆地。大体说来，高棉是富庶的。每年出产的谷米，自给之后，还有余粮可以外销。

我到过高棉的东部、南部和北部，西部则仅是在飞机上作过鸟瞰。

高棉也是一个古国，从吴哥石窟的雕刻，可以看得出来。近百年以来，受到四邻的迫害，东面失去了肥沃的湄公河三角洲，西面以产米著名的马德望省也一度被暹罗占领。成为法国殖民地以后，虽然交通也很发达，但高棉人贫乏的生活条件，并未获得改善，大部分人民尚过着与原始时代相差不远的生活。由于佛教的流行，进取的精神低落，一般都显得非常散漫，绝大多数的儿童，以入寺当和尚来完成初级或者中级的学业。同时，按照佛教的规定，男子到二十岁这一年，必须出家为僧，过着沿门托钵的生活，僧人向任何家庭乞食，一定获得施舍。吃饱以后，就找一处树荫底下睡觉，非到入夜以后不能回家，这样游荡生活满了一年，才算是成人了，因此，身披着袈裟的和尚，遍地都是，使这个古老的国家，奄奄一无生气。

从南圻沿湄公河向西北行，经过金边城折而向北，是一块辽阔的原野，雨量充足，土壤肥腴。但除了沿河有田园之美外，更远的地方仍然是丛生的灌木林。高棉南部，从金边直到喷呀，有象山横贯其间，稻的收获年达三次，富饶可与马德望省相伯仲。

高棉的首都是金边，金边亦名百囊奔，棉文本意是神女峰。金边成为高棉首都的时间尚短，故其建筑，甚为得体。全城仅十余万人，粤籍侨胞占最大多数，其次则为土著。高棉国王的宫殿坐落于湄公河转折处的草地上，每逢假日，王宫开放，任人参观。

王宫全用石头建筑，与印度宫廷的形式相似。宫内有一间装饰得金碧辉煌砌着五彩花纹红砖的殿宇，另外还有一间铺满银砖的房子，里面供奉着一尊重约五百公斤的纯金塑佛和高达两英尺的翡翠塑佛，被高棉人尊为国宝。

在高棉，见闻所及，我有一个隐忧，就是这里的华侨不但掌握了经济上的大权，而且也兼并到农村的耕地，贷款还粮的作法，迹近剥削，渐渐引起高棉农民的反感。我曾促请侨界的领导人士，注意这种不良的趋向，对和善相处之道，求期有所改善。

拥有一百二十万人口，面积二十三万一千平方公里，左倚安南山脉，与北圻、中圻分界，右濒湄公河与泰国、高棉接壤的寮国，由金边到永珍有公路可通，我为视察在寮国做工义民的情形，曾经过它的边境，这个高原地区的山地民族，因为交通不发达，文化尤其落后，人民生活仍然停滞在原始状态，衣不蔽体，每个家庭的居处，用茅草搭盖屋顶，支木为半楼，起居饮食，都在这个半楼上。说一件事就可想见其余：每家饮水，并没有储水的器皿，用一根一丈多长的大竹筒作为储水器具，汲回来以后，就支在檐前以供饮用，其穷困之状，就不难想见了。

寮国人民的走路习惯，我从未见他们并肩而行，而是前后相随，毫无表情，似乎了无生趣。从这些方面可见法国统治越、寮、棉三国数十年，却未能改善这个地区人民的生活，使他们产生极大的反感。

寮国又名老挝，越南人称之为哀牢，境内重峦叠嶂，交通困难，物产也不富饶，但其位居三邦的中枢，俯视东、南、西三面平原，对中南半岛，有建瓴之势。我路过寮国边境时，曾感到这里具有极高的战略价值，以一个大兵团指挥官的眼光来看，由滇南挥兵直下暹罗湄南河平原，左向高棉与南圻，分兵而北，整个越南，即被囊括。右向趋缅甸，分兵而南，可以席卷马来半岛。可惜我没有机缘遍览寮国山河之胜，至今仍感怅然！

将近一个月的长途旅行，带回来满身尘垢与疲劳，我的容颜显得很憔悴。

二月廿五日上午，忽然接到法方外交顾问欧华尔的通知："法国政府同意在第一批遣送人员中，配搭三千名健壮官兵。"

同时，询问我台湾接运的船只何时可以到达。这突然而来的通知，使我无法立刻作答，因为自上次奉到台湾电报，嘱我在双方协议未完成之前，不要向法方表示态度之后，即未再奉到有关这个问题的指示。于是，请尹"总领事"拍电给"外交部"，我自己拍电给"国防部"，请求详细指示。

三月五日午夜，我奉到"参谋总长"周至柔将军的复电，大意是："国防部"认为法政府坚持其遣送老幼的计划，对全体遣送，似尚缺乏诚意。并由巴黎段"代办"处得悉法外交部负责人的表示，如有重大意外，则计划或将受阻。（意指第一批到台后，报纸宣泄，引起共党激烈反应而言。）整个问题，尚待作进一步的协商，仍然要我保持缄默，以未奉台湾明确指示为词，答复欧华尔公使。

就在此时，法国新任"驻华公使"贾棠，路经西贡，赴台北就任。因为贾棠"公使"过去曾参与留越"国军"回台案的磋商事宜，所以在西贡一次酒会中，我顺便向他提出留越"国军"的解冻问题。贾棠表示：此次奉命使台，到台北后，将以此为中心工作，积极为之进行。

回台的问题，始终停留在磋商与交涉的阶段，直到现在仍未得到具体解决的答案。由于局势的晦暝变化，我了解这个问题，实在不能一拖再拖，一再的拖下去必然会产生可怕的后果。因为，我已连续接获若干正确的情报，不但越盟分子将以武装游击的方式向岛上侵袭，而共党的统战分子，也因获得越盟的掩护，分批向富国岛渗透，正利用各种方法，吸引我方意志脆弱的士兵逃亡。如果回台湾的希望，又被阻延，则团体纪律的维持将更为棘手。所以，我感到十分惶悚与不安。

鉴于共党渗透的严重性，我决定前往富国岛坐镇。三月十六日清晨，我又到达了阳东。

这时，阳东营区已进入全面警戒状态，营区每一条道路的出口，都被严格的封锁，入夜十二时以后实行宵禁，断绝一切往来。

为加强戒备，以应付突发事件，我命令各总队各就营房四周挖掘三公尺宽的壕沟，沿沟筑掩体，设置障碍物。同时，严禁剩余食米流入民间，并严禁官兵个别离开营区。

从三月十六日到三十一日，我在岛上逗留了半个月，依照以往惯例，阳东、介多各住一个星期。

我下令各部队积极训练，一切营建工作与生产劳动全部停止，在训练的项目中，特别注重反共意识的培养。

在营区以外的山谷间，虽然隐藏着许多危险，但在营区以内，官兵们由于紧张的训练，以及对危险环境的警觉提高，仍表现十分安定。

在岛上，我想到营区只要有两个营的武装，就可解除目前所感受的威胁。同时，还可以把盘踞在岛上的越盟及渗透而来的共谍一举"肃清"。可是，要求法方发给我们两个营的装备，绝对是徒劳词费。因此，只有加强内部的掌握，来渡过此一难关。

四月初我回到西贡。八日下午，萨兰总司令邀我到他的远东军总部会谈。我们见面时，他第一句话就问蒋公的健康，并说时时都在记念我们的蒋公，要我便中代致敬意。

接着，萨兰总司令向我表示谢意，他认为最近一年以来中国营区中能保持安宁的秩序和严肃的纪律，是我的功劳。

我告诉他："这不是我的功劳，完全是我的部下认清了自己的处境，他们知道贵国政府已经接受考虑遣送回台的问题，当然可以忍耐等待。中国人对朋友的感情，一向是非常重视的。"

萨兰接着说："据我所知，第一批遣运回台人员，应该在去年十一月就离开越南，但是贵国船只一直未到，我们非常关心这个问题，因为在贵国政府提出遣返要求之后，敝政府立即表示同意，假若不从速进行，中途可能发生意外的变故。"

我说："这个问题稽延不决的原因，是由于贵国政府没有接纳我方全部遣送的要求。我对这个问题的久悬未决，比任何人都要心焦，现在富国岛三万多人经过红十字会人员的访问，知道他们即将扬帆归国，如果中途又生枝节，失望所给予饱受苦闷的士气再一次打击，真不知将何以为计？"

随后，萨兰以其诚恳的口吻告许我：富国岛上发现众多的共产党的军队，事实恐不尽然。目前要法军再增加岛上的防卫力量，也很难办到，让你们自己拿起枪来自卫，限于环境和国际公法，尤其有困难。他认为只要台湾方面立刻派船把我们接回去，什么问题都解决了。

最后，我坦诚地表示：在没有得到法国政府同意全部遣送的决定之前，中国的船只恐不能立刻到达。但是我愿意用最迅速的方法向我方催询，也希望他向巴黎方面查究原委。

由于欧华尔公使的通知及与萨兰将军的会谈，我了解法方接受全体遣送的要求，不致再有多大困难。我也相信台湾定在进行积极的交涉，在越战没有全盘恶化之前，如果我们的问题得到解决，只要做到输送途中的保密工作，应该不会发生其他阻挠。因此，我的心境，被一种期待的情绪所笼罩，真有如大旱之望云霓。

四月间，越南南部雨季的序幕已启，气候阴沉不开，使人无端感到浮动与不安，一个在苦闷中久待的心，尤其不易宁静。我设法排遣心头的烦恼，可是烦恼就像一堆纷乱的淤血，理不清也斩不断，这时候我真尝够了等待的苦涩滋味。

直到四月下旬，接到"国防部"的电报，要我把留越现有军官、学员、士兵、眷属、学生、义民、工人伤患等详细数字，分别查明具报，并且特别指定要在五月十五日以前报出。我收到这个电报，心境为之一开，预料到新的机运即将来临。

四月三日上午，尹"总领事"扶病而来，交给我一份"外交部"给他的电报："一、法国'大使馆'二十七日致本部函：法国政府接受我方所提之方案，愿予保证全部遣送，同意我方作一次或两次之接运，登舟次序商同黄司令官处理，并予黄司令官一切必要之协助与便利。二、接运事宜已由'国防部'积极准备中。"

我阅完了这通电报后，当时的感触，真是喜出望外，有一种说不出的愉快情绪，涌上心头，飞上眉梢。三年多来在黑暗与苦难中饱受煎熬与折磨，现在即将重见光明，苍天毕竟不负苦心人，我们的心力没有白抛，我们的苦难也没有枉受。

原来，我想到不久即可奉到台湾的命令，可是五月已经过了一旬，仍然没有一点消息，又使我感到无比的焦灼。这期间法方联络处的负责人员每天都要跑来问我："船什么时候来？"我只好一再重复地回答他："快来了！"看情形，他们比我似乎还要焦急。因为他们认为雨季已到，必须在季候风降临南中国海以前，先把阳东区的部队运走，才可避免或减少接运中的许多危险。我也知道阳东外港一逢雨季，风浪特大，接驳登船，将遭受很多困难。此外，我们有一个相同的感觉，就是军事行动，往往要严格地控制时效，时间是达成任务的一个最重要的条件。

此时我经常邀集尹"总领事"、沈"领事"等商讨有关"国军"回台的准备事宜，大家都认为"国防部"之所以迟未发下指令，主要是因为交通工具尚未准备妥当。事实上，这一远程的海上运输，在各方面都必须做到非常周密，才不致发生差错。我们商谈的结果，决定分电"外交部"与"国防部"，请将运输原则先行示知，或先派员来越正式与法方接触。我并决定派现在西贡养病的张用斌少将先行回台，向"国防部"请示。

接着，我写信通知王天鸣中将，嘱其将回台的各项准备，事先作缜密的计划，并特别要求部队严守纪律与秩序。在这信中，并指出最近西贡堤岸间的茅寮区发生火灾，受难华侨达千余人，营区官兵，可以节食，予以救济。

不久，接到王中将的复信，谓回台准备事宜正作周密的策划，部队在安定中保持戒备。西堤火灾救助，全营区官兵决定捐赠一日主食，共计大米四万一千公斤，经交涉由西贡法军需署垫付，在应得的主食项下扣除。

于是，我立即请"领事馆"通知西堤火灾救济会的洪清凉先生，把米从法军粮仓中领去，这是"回国"之前，我们做的一件有意义的事。

这时，每隔一天即有一次倾盆大雨，我特别焦虑阳东营区将来登船的困难，虽然仍未奉到"国防部"的指示，我还是决定先在富国岛，把回台的准备，亲自予以详细的策划。

## 羽檄传来

就在准备动身赴富国岛之前，"国防部"来了一封电报：

"本部已决定于数日内派一小组来越。"

于是我更加需要迅速启程，在"国防部"小组抵越前完成部队行动上的一切准备工作。可是天公不作美，联络处通知我要到十六日才能成行。

五月十五日上午十时，我正在寓所的小楼上收拾行装，忽然收到"国防部"一封电报，其内容如下：

一、本部已决定运输计划，第一批删（十五）日出发，计登陆艇三艘，约可装运四千五百人。

二、每隔三至五日陆续有登陆艇或商轮三或二艘前来，预计以船舰二十艘将全部人员接运完毕。

三、先遣小组日内乘机前来洽商运输技术诸问题，组长为王征萍少将。

四、乘船程序应按所辖各管训处已编成之部队，其余按干部、伤患、军眷、义民、学生及工作人员之顺序，陆续登船。此项规定，务须严格遵守，因此间驻地及一切准备均需时间也。

五、途粮已准备携带，但如有储粮，亦可便带来台。

我看完了这份电报，除了兴奋和愉快之外，第一个被顾虑到的问题，便是部队离岛登船前那段时间内的安全。我想到潜伏在岛上的越盟及共党分子，不会放弃他们捣乱的机会，很可能乘部队登船之际进行突击。要解除这些可能遭遇的危险，惟有掌握少数警戒武力。于是，我通知联络处的新任处长阿尔伯中校前来一谈。下午四时，阿尔伯中校到达我的寓所，我扼要地把适才奉到"国防部"电报的情形告诉他，并且说明去富国岛的计划不改变，但不拟在阳东停留三天，当日早上去，下午即归。

最后，我向他提出部队上船时的安全问题，我说："阳东港现已进入季候风的危险时节，船只在风浪太大时不能停泊，第一及第三两个管训处的部队，势必徒步走到介多。鉴于法方在岛上防御力量的单薄，恐不能保障阳介公路的安全。同时为应付岛上越盟在大部队离岛而对小部队进行突袭的可能，我想以军人的荣誉，向贵远东军总部借少数武器，作为警戒之用。"

阿尔伯中校问我需要借多少？我告诉他：步枪两百支、轻机枪或卡宾枪五十支，甚至可以减少步枪为一百支。

阿尔伯表示将立即前往参谋本部向阿拉尔将军请示，他个人认为应该没有问题。

接着，我再向他说明：这件事已另请尹"总领事"向欧华尔公使提出要求，愿以人格担保，借来的武器，将被珍重的保管，除非在万不得已时，绝不使用。

最后，阿尔伯中校向我提出两个问题，一项要求。

羽檄传来　　**183**

一、散布在越、棉、寮的工人如何处置？

二、中国船只是否熟悉南中国海的航线，可以无须法国海军的领航而能直驶阳东或者介多？

他的一项要求，则是希望派兵将阳东飞机场加以修理，以便作紧急使用。

我回答他说："修理阳东机场，立刻可以照办。接运船只是否认识航线，在电报中并未提及，如果需要法国海军协助时，我再另行通知。关于各工区的工人，我国政府在原则上愿意接他们回去，而大多数的工人，也极其希望能返回自己的祖国。不过，我接到的命令，乘船顺序已有明白规定，工人接运，列在最后一批。"

谈话将近一小时，我特别开了一瓶法国酒，招待这位年轻的阿尔伯中校。我们相互祝贺，为圆满达成任务而干杯！

## 周密的计划

五月十六日清晨，在曦微的阳光下，一架小飞机把我载到了阳东营区。

九时，召集总队长以上人员谈话，即席指示五点：

1.部队于本月廿二日起开始运输回台，一个月可以运输完毕，回台前的各项准备工作，必须立即完成。如军人手牒的核发，人员名册的造具，食米的储存，以及合作社与华侨间债务的清理等。

2.在上船之前，各部队官兵务须严守纪律，与法方保持良好友谊。离开时清扫营地，并将房屋设备列册报总处，以便移交法方。

3.木材一律锯板，每人限带三块。

4.组织联合检查机构，上船时实施严格的清查。

5.保护阳东飞机场的完整，加强阳、介两地码头的坚固。


谈话结束后，我特地跑到海边去眺望。往常我在岛上盘桓时，总喜欢在清晨与黄昏去眺望海景，不管是水不扬波或惊涛裂岸，都可以舒展一下心头的积闷。

此际，雨季已临，海没有以前那样平静，只见滚滚波涛，一层层地向岸边涌来。使我想到将来接驳登船时定会遭遇许多困难，不由得在心底掀起一重忧虑。我伫立海边，默默地祈祷，希望我们离开这里之前，那惯常在雨季中作威的海神，能息息它可怕的怒号，替这群受够了折磨的人们，制造一点愉快的回忆。

上午十一时，我乘原机飞返西贡。

布爱勒上尉在机中告诉我：十五日晚上，法远东军总部参谋长阿拉尔将军曾召集一个中国军队遣返会议，研讨有关遣送留越中国军队的事宜，对我提出的各项要求，大部分都予接纳。布爱勒上尉并且说：台湾先遣小组抵西贡后，将由高专公署军事办公厅的克罗多海军少校负责联络。

十八日上午，我亲自到法方联络处，就遣返问题，作各种行动上的意见交换。同时，请阿伯尔中校向其上级转呈我提出的三点意见：

一、现住高棉白马地区的高级军官，请设法从速集中富国岛。

二、请法方军医署按实际人数，增发药品一个月，以备运输途中之用。

三、请求法方减少一半现发营区的肉类，增发一倍蔬菜。

阿伯尔记下了我所说的三点。随后，也提出其上级要他转达给我的三点意见：

一、法国政府虽已同意全部遣返留越的中国军队，但仍守中立国立场。中国政府拟在第一批船抵富国岛后，架设电台与台湾直接通讯一事，未获远东军总部的同意。但每一份中国军方或先遣小组拟拍回台湾的电报，高专公署将以最迅速的方法，代为处理。

　　二、因为遵守中立国的立场，请于部队登船前，送交法方一份名册。每一个名字之下注明"志愿回台"字样，并由每名官兵盖上手模，以备法国政府将来被人质难时作证据。

　　三、借用枪械事，远东军总部原则上同意，但数量略有变更。现在决定借予步枪二百支，手榴弹两百个，掷弹筒五十个。

　　这次会谈，气氛非常愉快。阿伯尔所提出来的三点，我都表示同意。

　　事实上，营区内部早就建立了与台湾直接通讯的设备。其次，一份盖有手模的人员名册，更是轻而易举的事。至于所借枪械中没有自动武器，也无多大关系，我原来本就只要有一点武器作为警戒之用，二百支步枪交到我们手里，足可以对付岛上越盟分子的意外袭击。

　　就在我起身将要告辞时，阿伯尔中校接到克罗多少校的电话。阿伯尔说：刚才克罗多的电话，是转达远东军统帅部的意旨，希望中国军队走后，留下整齐清洁的营房和其中各项设备，此外向法方领用的发电机、电话、汽车等也请留在原来的位置。

　　我治军以来，最注意营房的环境卫生，由于经常督导检查，所以富国岛每一个部队的环境卫生，始终保持不乱，把营房井然有序的移交法方，绝对不成问题；在此时此地，尤其要给法方留下一个好的印象。

我约定阿伯尔中校明天午后在新山一机场再见，迎接来自台湾的先遣小组。

十九日黄昏，先遣小组组长王征萍少将，率组员聂长孚上校，关仁中校，屠益篯少校等到达。下机后，即相偕到我的寓所，王少将将"参谋总长"周至柔上将的信和留越我军处理小组的接运计划交给我，然后，彼此就遣返的行动事宜，交换意见。因为时间匆促，我决定翌日先去富国岛，先遣小组则留西贡一天，与法方主持遣送的负责人取得联络再来。

"国防部"的接运计划，做到十分周密，顾虑也非常详尽。我看完了全盘计划之后，感到十分高兴，对我军进步的实绩，尤其使人欣慰。自我从军以来，大规模部队的撤运很少，尤其是远程的国外撤运，更属不多。相信由于这次接运计划的圆满达成，我们军事上进步的成果，将在国际间获得很高的评价。

我把计划的大纲约略一提：

全部接运船只分七批，共二十一艘。（六艘属于海军，其余则属招商局。）

第一批三艘定五月廿二日到达，最后一批两艘定六月十九日到达，预定六月三十日以前全部返抵高雄。

接运船只从高雄出发,直向南驶,经菲律宾吕宋岛西南部,折而西驶,回航时路线相同。这样可以远离海南岛,不致受到共党的阻扰和截击;同时也可以利用法国海军及美国第七舰队在南中国海的一段海上掩护,增加航行时的安全,遇到台风时,还可借用菲律宾的港口避风。

全部航程约三千八百海浬,来回耗时十六日至二十日,每人以两吨重船位计算。

上船后的卫生措施、服装换发、途中的警卫管理、康乐等都有最充分的准备。

廿日清晨,我正准备动身赴富国岛,一份"国防部"的密电送到我的办公室,转告我"外交部"负责人和法国代办谈话的要点。其中重要的一项,是袁司长子健要求法方在留越我军离越时,发还入越时被收缴的武器装备。

关于发还武器装备,我始终念念不忘。所以立刻拨电话给尹"总领事",请他向欧华尔公使提出质问,并且抄了一份电报的副本给他参考。

五月廿一日上午,先遣小组一行四人和法方阿伯尔中校与密契尔舰长,乘两架小飞机到达阳东。

我邀集他们在总处办公室举行一个座谈会,主要是研究阳东营区部队登船时的驳运方法。

照接运计划中的规定,第一批来的是登陆艇三艘,所以我们决定登船的部队分三组,码头分三个,驳运的小艇也分三批，分别以"红"、"蓝"、"黄"三种颜色作标志。各部队按规定的色志进入码头，上驳艇，登大船。如气候不继续转恶，一天可以完成四千五百人的驳运工作。另外，为避免小艇在狭窄的港口出事，我下令总处在港口的岩石上设立一个管制站。

介多营区的顾虑不多，连接的许多小岛把海湾形成一个天然的避风港。事先，我曾请法方巡逻舰"麋鹿号"作实地勘察，认为纵然在雨季期间，船只停泊也不会受到影响。但顾及特殊的意外，又在介多西南猴子湾选定一个停泊区，以备不虞。

廿二日上午八时在阳东举行最后一次阅兵，欢迎来自台湾的先遣小组。第一、第三两个管训处的部队，连同军官团行政班的学员共计一万一千人，穿着台湾新发的服装，排着整齐的队伍，在飞机场上接受我和王征萍少将的检阅。全体官兵动作熟练，精神饱满，每人的脸上，都洋溢着一种喜悦的感受，这是我从未发现过的，我知道他们内心的愉快不可名状，我的内心也同样充满着无言的欣慰。

# 归　帆

五月二十三日，预定第一批接运的三艘海军登陆艇到达阳东。

这天我起身很早，希望首先看见祖国的登陆艇乘风破浪而来，可是当我一迈入海滩，那里已经有成群的人在翘首张望。

清晨，海面的晓雾，又浓又厚，一片迷蒙，看不出什么动静，但鱼肚色的高空，却给我带来了一个天气晴朗的预报，海里的波浪也不太大，我的心头，泛现出无言的喜悦。

渐渐地，重重的晓雾消失了，旭日从阳东山背射出灼人的光芒，使碧透了的海面平添无限瑰丽。

蓦然间，一声尖锐的狂呼："船来了！"沙滩上的人群，如蚁沸蜂屯一般，向东南角上挤去。这时，三艘登陆艇，迎着升起的朝阳，正对阳东港驶来。八时正，在阳东港外约一千公尺处抛锚。

这三艘登陆艇是海军的二〇四、二〇五、二〇九号，由海军登陆艇队司令部参谋长林溥上校率领。九时十分，林上校率同三艇艇长来总处见我，研究部队上船事宜。

十时起，第一管训处的部队，即分别赴指定的码头集中，按次上驳艇，登大船。每个码头分配驳艇两艘，每艘可载二十人，往返一次要耗时四十分钟。由于这是第一次海上行动，接驳的技术，感到生疏，加之木板与食米的搬运，也费时很多，至午后六时仅运完了两千人，二十四日继续驳运，于下午四时起碇回航。第一批共计载运四千三百七十四人，其中有何竹本少将率领的留越我军回台先遣小组，携带各项资料及官兵名册，向台湾报到。

二十四日晚间，阳东海面风浪渐作，八百吨的法国巡逻舰"麋鹿号"也无法停泊而驰赴介多。为了避免阳东区一千余名老弱妇孺驳运上船的困难，我商借法国海军登陆艇一艘，把他们全部运到介多。

这时，白马地区的将校人员也到达介多，成刚中将连夜前来阳东，向我报告有关搬运经过。

二十七日清晨，第二批接运船只驶到。本来按"国防部"的指示，应依管训处的番号次序装运，但我顾虑气候转坏，权宜将驻扎阳东的第三管训处提前装运。

第二批是招商局的商轮"棣华号"和"中一〇八号"，在阳东海面抛锚后，忽然天气变化，风狂雨暴，驳艇无法靠近大船，第三管训处进入码头的部队便在沙滩上熬过一夜。翌晨，我接纳了船团领队的建议，改在介多上船。于是，下令彭佐熙中将率部徒步南下，于二十八日午夜装载完毕，随即回航。因此，该管训处官兵随身携带的木板和食米，只得全部遗弃在阳东码头，殊为可惜。

第三批船是海军的三艘登陆艇，于五月卅一日到达阳东，随即冒雨装运总处直属部队和军官团行政班学员。本来预定六月二日即可装运竣事，不料南中国海发生台风，延至四日晚间才回航。

第四批船"台中"、"海皖"两艘商轮，及一艘医院船，于六月二日抵达介多，四日回航。

第五批"海滇"、"屏东"、"海苏"、"中一〇九"四艘商船，于六月八日黄昏时抵达介多，载运第二管训处部队及军官团学员，于十日晨回航。

第六批专运妇孺的"台东"、"万利"两商轮，因受台风影响，与第七批装运工人与义民的"唐山"号，装运总处各单位的"海菲号"和"继光号"，同于十七日抵达介多。

"海菲号"最后离开富国岛，由副司令官王天鸣中将率领，于六月廿二日午夜回航。

二十二日下午，协助我方运输的法国军官阿伯尔中校、亚尔培中校、德西禾中校、密契尔舰长等，在巡逻艇"麋鹿号"上举行惜别酒会，欢送王副司令官及总处各单位主管。王副司令官登艇时，法方还安排了一项海军仪队的检阅式，表现极其和谐的友谊。三年多以来，由于环境及特殊原因对法方所积下的怨悱，至此已一笔勾销。当"海菲号"启航时，法国各兵舰灯火通明，并鸣礼炮，以示欢送，这光景是感人的。

从五月二十三日第一批船到达，至六月二十二日第七批船的"海菲号"离岛北航，恰好费时一月。全部接运过程，悉依预定计划进行，中间未曾发生一点技术上或实施上的差错。惟一的遗憾，就是南中国海的台风，曾耽误了第二批人员的上船，和第三批船只的归期。这些都非人力所能抗拒，反更显出中国海军优异的应变能力，同时也衬托出整个接运计划的周密完备。总而言之，这是一次非常成功的远程运输！

在运输期间，法国海军及联络处的官员，多方予以协助，是顺利完成运输的原因之一，法国军官的工作热情，使人感佩。

　　在部队运输期间，先遣小组王征萍少将等四人，始终留在岛上指挥，辛劳备著。我因为西贡方面还有"工人转运"及"武器收还"等重要问题，必须亲自处理，曾经三次离岛，往返于阳东、西贡之间，最后一次到富国岛是六月十四日，离开是六月十八日。

　　离岛之前，我特地携带香花、酒果到营外的公墓去致祭，见到荒烟蔓草中的累累荒冢，不禁悲从中来，这些忠贞将士，曾随我转战经年，受尽千辛万苦，正当我们追求自由的理想获得实现时，却埋骨遐荒，不能与我一同归去，追念袍泽之情，为之怆然泪下。归来时，题诗一首，嘱人刻在公墓之前，以示永念。

　　生来何必尽同根。青冢长留正气存。
　　愿有精灵终不爽，他年重与赋招魂。

　　我于十八日上午和先遣小组一同离开阳东，距离最后一批船只启运只有三天。那时，方圆八公里的阳东营区，只剩下总处一千五百人，法军已经运来两个连接防，靠近山地的营舍，因为缺乏兵力驻守，法军准备焚毁，我上飞机时，还看到法国非洲佣兵在沿港一带修筑防御工事。以后，潘迪将军告诉我：阳东营房，被用作越南军队的训练基地，介多则作为越盟俘虏的集中营。

往常我离开一个久住的地方，总免不了要产生一些依恋之感。可是离开富国岛，我的感觉却分外高兴。我愿意把这三年多以来所受的痛苦与创伤，全部都抛在这里，只让它在生命的过程中留下一抹回忆。因为，这次别离，代表痛苦的结束，再往前走，便是快乐的重生。

二十二日晚上八时回到西贡，应邀参加欧华尔公使举行的酒会，得悉最后一批船已驶离介多。

当与会的中法官员们举杯向我致意时，我只说了一句："谢谢各位的协助。"在这个场合，我真的激动得说不出话来，此时，使我体味到"如释重负"的真义。几年来梦寐萦怀的希望，毕竟是实现了，我肩负着这几万人责任的担子，总算可以交代了。今后，我将以百战余生，投归祖国，为"反共复国"尽其棉薄。

本来我可以乘"海菲号"一同返台，可是还有若干未了之事待理，只得单独留在西贡，直到所有的事都办完。

我要办的第一件事，是如何得到关于发还武器的确讯。尹凤藻"总领事"在第一批船抵越时，即卧病在床，交涉的工作，交给了沈祖浔"领事"。据沈"领事"和欧华尔公使接触的结果，法方似乎把这个问题淡忘了。

随后，欧华尔公使曾转告我，谓接到法国军方的报告，一九四九年中国军队寄存的武器，其陈旧者已送入兵工厂重铸，一部分新的，则已发交印支境内各法越部队，目前无法收回，更赶不上时间交第七批船带回台湾。

欧华尔公使曾就此一问题对王征萍少将及沈祖浔"领事"表示：他已经建议巴黎以一批新的武器来补还中国军队前所寄存的枪械，并谓将重视这个问题，希望能得到一个满意的结果。

我把向法方交涉发还武器的经过，立刻电陈"国防部"，随即奉到指示：同意欧华尔公使的建议，以另外一批武器作补偿，并谓已移请"外交部"提出交涉。

发展至此，显然已变成了一个外交上的谈判问题，而非短时间所能解决。对一个军官来说，不能及时把武器带回台湾，自然感到是一件最大的耻辱。

六月的越南，已完全进入季风期，风片雨点，使人感到燠热，也使人感到窒闷。

一个月以来，忽儿西贡，忽儿阳东，我是不停地在走动，也不停地在构想，但并未发生困倦之感，似乎有一种精神力量在支持我。

三年以前，随同我进入越南的军民，现在已有三万零七十八人投入祖国的怀抱，取得侨民身份散居越、棉各地自由谋生的约一千五百多人，也已定居。

记得一九五〇年春间，我在越北蒙阳，面对着这群孤苦无告的军民，曾严肃地说过：

> 我既然把大家带进越南，我一定也会把大家带回台湾。

这句话总算没有落空，但是换取这句话的实现，中间却经历了说不尽的痛苦，数不尽的艰难。回首前尘，真如隔世！

在离越之前，礼貌上应该向法越负责人士道别，顺便感谢他们长时期的款待。虽然法国人在我们心目中并无好感，究竟最后的谅解，是值得珍惜的。

六月二十五日上午十时，我偕同沈"领事"及阿伯尔中校到戴高乐将军街法国驻远东军总司令的官邸，去拜访到任不久的纳瓦尔将军。首先，我请他代向法国驻越南的海陆军致意，感谢他们在遣运中热情的协助；最后代表全体留越官兵对法国政府三年半来的招待表示感激。我特别提出法方历任联络处长的干练有为，彼此间能和睦相处。在座的现任联络处长阿伯尔中校，立即获得纳瓦尔将军的嘉奖。

纳瓦尔将军对我表示：中国军队在越南居留如此之久，能够在他的任上顺利解决，感到十分愉快。他希望我们回到台湾后，能保持一个不太讨厌的留越回忆。他并且问我："请告诉我这支部队回到台湾以后的动向如何？仍然参加军队呢？

还是变为平民?以及黄将军个人的出处。"

我回答他说:"留越部队回到台湾以后,一切听从政府命令的安排。这些官兵饱尝国恨家仇之痛,假如有机会允许他们去和'共匪'作战,我敢说他们一定不愿脱离军伍。至于我自己,因为是一个职业军人,习惯了服从上级的命令,政府要我作什么,我都不会加以选择。"

临行时,我询问他:"听说你正在准备一个逐步消灭敌人的计划,预祝伟大的胜利。"

纳瓦尔将军爽朗地表示:他正从事一项极为艰巨的工作,但不敢预定会成功。

这位身材不高,两鬓苍白的法国四星上将,给我的印象是具有军人的沉着,而且颇富风趣。

下午四时,拜会南圻司令潘迪将军及副司令加德少将。因为我和潘迪将军有过多次接触,谈话的内容也比较广泛。潘迪将军也和纳瓦尔将军一样,对部队的动向和我的出处,发生兴趣。我的答复仍然相同。

当话头转到第二次世界大战时,他们对中国远征军在印缅战场的贡献有相当认识。潘迪将军并且透露他对中国近代史感到兴趣,希望我回国后,经常和他保持联络。

谈到南圻时,潘迪的神情,极为沉重,他表示:他们的处境太恶劣,有数千公里的公路与河流要防护,数百公里的铁路要巡逻,太多的城市和乡村要派人驻守,但没有足够的兵员,也缺乏旺盛的斗志。

潘迪将军的苦闷，也可以说是所有驻越法军的苦闷。从士兵以至将军，他们的生活环境，物质条件，所学习的作战技术与理论，所经过的作战经验，没有一项适合这个气候炎热、遍地丛林、到处布满越盟游击队的东方古国。尤其法国军队雇佣兵太多，来自非洲的各民族，或受强迫的征调，或受金钱的驱使，根本缺乏为何而战的信心。法国军官公然承认这是一个"肮脏的战争"，与"光荣的胜利"和"法兰西祖国"不相关连。这样的想法，这样的士气，又怎能和以颠覆破坏为能事的胡志明辈周旋？！

一年半以前，潘迪将军到富国岛调查绝食运动的经过时，眉宇间还显出刚健之气，现在则已满面皱纹，一头白发，无疑是环境逼人的一种记号。使我领悟到越南战局的危机，也体认出法国远征军人的心境。

二十六日下午四时，我乘车到"嘉隆宫"去拜访越南政府总理阮文心先生。

从接待室经过一条狭窄的楼梯步入总理办公室，在会客室足足等上四十分钟，才被请入总理办公室。

阮文心总理在越南颇孚众望，他出身南圻农家，从书记员、科长、县长、警察总监以至内政部长而组阁，自有其不平凡的奋斗史。他坚决反共以及严峻的执法精神，越南人称他为"南圻之虎"。

阮总理对我的来访，一再表示欢迎之意，并抱歉让我久等。我对他表示：三年半以来，这是我第一次拜访越南政府的首长。自从一九四九年冬天中国军队进入越境后，得到越南人民许多帮助，衷心至为感谢。现在，留越的军队，已全部乘船回台，只有一千五百名义民愿意留在越南，这批义民将安心定居，而且也会遵守和履行越南政府的法律与义务，希望他予以关顾。

阮文心总理很注意的听完了我的话，慢慢地对我说："谢谢你能够在临行时想到我们，并且来看我。三年多来，由于环境限制，无法向你们表达我们的关怀，但对这支居留在越南领土上的中国反共队伍，始终是在密切的注意，也希望他们早日达到理想的目标，现在这个志愿已经完成，我特别向你道贺。中越有传统的友谊，任何地方都需要合作，尤其是两国都面对着一个共同的敌人，彼此的命运，休戚相关，没有安定的中国，越南就不会有和平，只有中国光复大陆，越南才有结束战乱的希望。"

他的谈话，的确具有见地，也真正把握到了解决越南问题的关键。

他接着表示：留在越南境内的中国义民，越南政府将以对待自己的同胞一样予以爱护，请我不必挂念。

辞出时，我请他向保大王代达敬意。因为时间匆促，来不及到大叻去辞行。

二十七日上午拜访法驻越高级专员高芝埃后，结束了我的官方辞行节目。本来，我还想到金边去看看施亚努亲王，恰巧他已出奔泰国而不果。

七月一日午后四时，到越南国防部去看亚历山里中将，他是现任法国驻越南军事代表团的团长。亚历山里中将于三年半之前，曾在越北河内接待过我，对我的登门造访，感到特别的高兴。目前，他的景况，似乎不甚惬意。

七月二日整天，我到堤岸向各侨团辞行，感谢他们在部队留越期间所给予的一切支援。在欢宴席上，曾即兴题诗二首，留别西堤诸友：


一

此别诸君归故国，三年羁戌感多情。
胸中块垒难消灭，励我仇雠百万兵。

二

去岁忘情曾烂醉，而今病胃怯杯多。
中原自有重逢日，风雨南邦奈别何。


晚间，我到尹"总领事"寓所，探视这位卧病在床的好友。尹氏不愧是一位慷慨悲歌的燕赵之士，折冲肆应，亦其所长。我军入越后，诸多协助，为我们解决了不少问题。不幸于一九五九年因病谢世，追忆旧游，人琴之痛至深。

七月三日是我离开越南的日子，清晨，许多朋友都到新山一机场相送，尹"总领事"也扶病而来，使人极感不安。我握别了每一位朋友，然后登机，四引擎的法航机慢慢驶离跑道，向正北飞去，激动的心情才逐渐平定下来。

在机中倚窗眺望，不禁感慨万千。三年半之前，我肩负着这副沉重的担子走进越南，忧谗畏讥之情，去国怀乡之感，几无时不萦绕在我的心头；而环境逼迫之苦，逆旅凄凉之味，亦够人承受，如今飘然赋归，仔肩得卸，至此已了无牵挂，心境分外感到舒畅而平和。

当晚八时十分，冒着强劲的台风，我回到了台北。

部队接运回台之前，"国防部"及"陆军总部"已成立负责拨编事宜的辅导小组，每一批人员抵台均在高雄上岸，暂住高雄港口各码头，因为梯次的接运，要注意海上运输的安全，对外都不发布消息，直到第七批的"海菲号"抵台，始向外公布。于是，留越我军回台的新闻，各报以头号标题刊载，社会各阶层亦相继发起最热烈动人的欢迎节目，使全体官兵感奋莫名。

我到达台北后，即与军方有关部门联系，开始留越我军的拨编事宜。

保持完整建制的三个管训处，以营为单位，分别拨补海军陆战队及陆军各师，海军及空军亦拨补士官一批，军官团学员及编余军官，成立两个军官战斗团，由何竹本、王佐文两少将分任团长，集中管训。随军眷属则分别安置于台北、台中、台南、左营、花莲等新建的富台新村。义民、学生、工人亦得到当局妥善的安置。

留越我军于困居异邦达三年半之后，投入祖国的怀抱，各得其所，各安其位，达成了他们追求自由与效忠领袖的愿望，各人在生命过程中，都留下了永不可忘的记忆。这些记忆，对我尤其深刻而鲜明。

# 附录一 留越诗稿

**鹧鸪天** 一九四九年冬率师入越羁困河内

亿万生灵尽倒悬，神州无处不狼烟。谁如百厄千艰日，正是孤军出塞年。

栖异域，受熬煎，更多羁绪到吟边。海天春讯终将到，励此精忠铁石坚。

## 锁重闱

初来异域，顿觉离奇。寄宿人空庭院，似侯门，深锁重闱。游丝挂壁，堆尘满几，阴雨霏霏。了不知，南北与东西。逐客今何似？底事教人迷。镇日里，重衾独拥，驹光过隙，抽针自补衣。回道当年，匹马纵横河洛，时势岂全非。卷土重来当有日，狂澜待挽，舍我其谁？寄语深闺休念，将息扶床幼女，切莫伤悲。曾记否，去年今夕，汉皋聚首，雪中呼炭醉酕醄。为道干戈犹未已，准拟误归期。关山迢递夜何其。思量泪暗滋。

## 南歌子 羁留越北宫门

无际天边月，风开岭上梅。悄无人处自低徊，冷落清光和露湿阶苔。

忽又伤离别，频闻腊鼓催。泪先樽酒入孤杯，多少新愁都向醉中来。

## 宫门元旦有寄 一九五〇年

海天休问近如何，佳节常教客里过。两鬓真如春后草，今年翻比去年多。

## 春　怀

浩浩风波动客魂，漫劳诗酒与谁论。不知离恨添多少，自到春来懒出门。

## 鹧鸪天 越南中部之旅见柳

溪水拖烟映晚晴，迢遥旅路短长亭。玉关风动三千里，碧海波连百二程。

怀故国，感飘零，一丝丝一缕柔情。昨宵梦逐花飞雪，绿暗莺啼别意生。

## 生查子　宫门寄远

离乱数年华，有恨终须灭。寂寞与君同，伤心惟此别。

莫更倚危栏，又近端阳节。何处是归程？万里云和月。

## 端午垂钓

乡关何处是，忧患正无穷。芳草天涯外，幽怀断句中。

民间传粽熟，炎地看榴红。争问还师日，滩头一钓翁。

## 鹧鸪天　大叻纪游

一片烟霞仰碧空，缅怀身世纪游踪。云如有意遮山色，花似无情遍野红。

羊浴日，鹤擎风，芒鞋竹杖小桥东。呼来绿酒成微醉，卧听松涛古寺中。

## 浣溪沙　作于金兰湾，此地为一部留越我军屯驻之地

记取穷边喋血年，殊方炊起汉家烟，潢池未剪莫留连。碧海绿波翻白浪，平沙远浦接青天。行云有意护归船。

## 岁　暮

客里愁难遣，凄凉度岁华。刀环犹未唱，何处是吾家。

## 夜泊头顿

惊涛骇浪阻前程，两日航期四日行。夜半泊舟头顿口，扰

人无奈是潮声。

## 富国行 <small>一九五一年元月</small>

<small>富国岛为越南南部一海岛,留越我军在此羁困达三年之久</small>

中华多志士,富国汉家营。喋血来万里,忍辱惜余生。编茅以为屋,削木以为兵。晨兴闻号令,夜半有书声。征衣慰游子,温如父母情。长幼皆有序,众志可成城。共忧还共乐,必共矢忠贞。一朝颁归檄。长驱复旧京。

## 忆江南 <small>中秋</small>

### 一

南国梦,异域莫勾留。槛外笙歌空度曲,关山难越使人愁。月满望乡楼。

### 二

南国梦,夜静露华浓。壮志未酬归未得,千愁万绪付千钟。独坐月明中。

### 三

南国梦,望断是斜阳。西贡城头灯似锦,暹罗湾上月如霜。扶醉立苍茫。

### 四

南国梦,长忆故园秋。何日金陵逢故旧,秦淮河畔月当头。横笛泛中流。

## 题越北蒙阳公墓

生来何必尽同根，青冢长留正气存。愿有精灵终不昧，他年重与赋招魂。


## 浣溪沙 寄内

岂料雄心困海隅，经年蹉跎愧狂夫，深闺常伴一灯孤。月缺月圆长入梦，亭长亭短事难书。关心犹有小文如。　幼女文如时在稚龄


## 沁园春 一九五二年中秋望月忽忆金陵遂成此调

海角淹留，把酒中天，气爽高空。记五洲湖畔，荷田影密；莫愁堤外，柳线烟浓。大好江南，六朝胜迹，城廓萦回明故宫。常无寐，听鸡鸣古刹，断续疏钟。

南来万里倥偬，伤心处关山路万重。任高楼摇梦，香凝露溥；婵娟月满，云淡纱笼。莫记悲欢，且看圆缺，还我河山指顾中。青山在，待金陵洗马，重醉秋风。


## 百字令 寄内

栖迟南国，漫淹淹尽是、蛮烟瘴雨。岁月蹉跎欺客梦，明镜飞霜无数。域外风光，隔邻鸳侣，相对今朝暮。数声箫管，清光如涌如吐。

曾记喋血南来，无端轻别，吟遍多情句。薄薄征衫凉露

重，怕上层楼高处。影立梧桐，香飘桂子，又把佳期误。相思万缕，好乘明月归去。

## 留别西堤诸友 一九五三年夏率师返国

### 一

此别诸君归故国，三年羁戍感多情。胸中块垒难消灭，励我仇雠百万兵。

### 二

去岁忘形曾烂醉，而今病胃怯杯多。中原自有重逢日，风雨南邦奈别何。

# 附录二 黄杰自述

编者按：本文系黄杰上将应中国电视公司之请为制作《铁血精忠》节目所提供之资料，口述后加以整理。所述往事，具有历史价值，特予发表，以飨读者。（原载《传记文学》二二六期）

我自民国十三年进入黄埔军校第一期，接受革命洗礼之后，就一直追随蒋公参与东征、北伐、西征讨逆、"剿匪"、抗日、"戡乱"各时期的战役，以迄现阶段"反共复国"的中兴大业，已长达半个世纪以上——五十七年了，这是一段漫长的岁月！犹忆弱冠请缨，白发从政，几番风雨，几度沧桑，个人经历的事故，实在是太多了，自非片言可尽，只能就过去工作中每一时期印象较深的，作简要的记述。

# 壹

我于民国十四年一月黄埔军校毕业后，初任教导第一团侦探队第一排中尉排长，二月十三日，参加淡水战役，三月十三日参加棉湖战役，当时我侦探队的士兵，是由江北招募而来的新兵，未经训练，在虎门登陆后，我深切了解未来任务的艰巨，必须即刻训练士兵射击技能，乃用煤油桶满装石灰，作为射击靶，教士兵实弹射击，即知即行，克难方式的训练，可真有效，在淡水攻城之战，即旗开得胜，首次建功。当时我这一排，系担任右翼一个山头的警戒，眼见敌军溃退，我为捕捉战机，立刻令全排出动，自己领着一名叫谢勇的战士，首先冲下山去，截断敌人的退路，喝令"缴枪"，数百名丧胆的敌军，张惶失措，竟全部举手举枪跪在稻田中俯首就俘，由后续友军收缴了他们的武器。由于这一冲劲，不但士气为之一振，也使我体认出革命军人成功的秘诀——"身先士卒"的道理。

# 贰

民国十五年，我任教导第一团第三营营长，随东路军北伐，参加梅县松口战役负伤。十六年、十七年，任第十四师四十团上校团长，参加北伐龙潭、凤阳、蚌埠、徐州、滕县、济南各战役。

克复滕县，是十七年四月十七日。当时张宗昌亲自来滕县东山高地督战，携带棺木一具，以示决心死守。但当敌军全线被我军击溃，本团邓春华营及特务排向张宗昌据守之高地攻击时，张亦决心动摇，弃棺木逃遁了。

济南会战：我军于五月一日击溃孙传芳、张宗昌等军阀后，进入济南，曾引起日本军阀挑衅行动，五月三日上午十时，日军在济南闹区内，公然阻止我军通行，并将我交涉员蔡公时当场杀害，造成震惊中外的"五三"惨案。是日下午，我守备济南之第二师第五团团长李延年电告，济南受激烈攻击，总司令蒋公安全有顾虑。夜十二时，总司令拟离城，命我率队护卫，是晚，我率领部队，亲侍蒋公徒步离济南，行至"中涧"嘱停止待命，旋即赴界首车站经泰安而至徐州。因日军阻扰，不能由津浦路北运，改由平汉路北上。

十九年七月，我任第一师第二旅少将旅长时，参加讨逆（冯、阎）之役，当时中原大战，正在激烈进行，总司令蒋公亲临陇海路前线督师，行营设在柳河车站一列车厢内，七月十一日深夜，敌军孙楚部队的三个团，突向蒋庄、贾窑迫攻，我军防线，被其突破，处处受攻，情势十分紧急，蒋公接到第五师师长告急讯，于凌晨一时，用电话命令我迅速轻装驰赴李坝集车站增援，并限于拂晓前收复李坝集，我即时以电话令本旅第四团由副旅长兼团长梁华盛率领，向李坝集车站前进，第五团向南门岗前进，我率第六团向赵尔庄前进，至午前七时，李坝集车站附近之敌，已向西溃退，车站南北阵地，均已恢复，并确实占领，混乱危急的局面稳定，我立刻下令修复电话线路，将战况向蒋公报告。

这次战役，蒋公就在柳河车站，直接危及到他的安全，而蒋公身蹈险境，未尝离开车站一步，由于他的坚守镇静，乃能转危为安，从而扭转整个讨逆形势，诚如蒋公日记所写："后退一步，则革命大业，全归乌有"，从此我真正体悟出统帅决心和定力，才是制胜疆场的先决条件。

民国二十一年三月，我奉命升任第二师中将师长，参加豫鄂皖"进剿共匪"之役，历时三个多月，没有理发，胡须留得很长，某次晋见委员长，受到训诲，委座云："身为指挥官，留有长须之特征，在作战时，将予敌人以识别与狙击之目标，速予剃除。"如是理发剃须，再行晋见。

## 参

民国二十二年一月，日本军阀为巩卫东三省之占领，复侵略我山海关及热河。北平、天津等要地，直接遭受威胁，中央精锐部队，北上增援，第二十五师先行，斯时我的职务是第二师中将师长，于二月二十六日奉命率领第二师集中洛阳，以火车北运通州，随即兼程向密云前进，三月十二日到达石匣，加入第十七军序列，十三日奉命接替第二十五师南天门防务，守备黄土梁、南天门，亘八道楼子一带阵地。

敌军自增兵古北口后，即扬言一星期内攻下南天门华军阵地，故自四月十六日后，敌机十余架即更番至南天门、石匣、密云一带阵地，猛烈轰炸，至二十一日，敌军更全面向我黄土梁、南天门、八道楼子之阵地攻击，炮弹密如雨点，烟火弥漫，尘沙蔽天，五昼夜未稍停歇，尤以左翼八道楼子一地，着弹三千余发，工事尽被摧毁，骨肉悉为灰烬，我阵亡营长聂新、吴超征之忠骸，在敌机炮重量炸弹下，化为乌有，惨烈情状，令人痛愤，我军浴血苦战，伤亡官兵三千余，敌军伤亡五千余，自认此次南天门、古北口之苦战恶斗，为侵沈、热以来未有之血战，蒋公二十二年四月二十六日日记云："此役或足以挫寇氛而振革命之士气也乎"，实则我将士浴血苦战，奋勇牺牲之精神，乃多年来仰承领袖精诚感召之结果，其由来也有自矣。

## 肆

民国二十五年三月，我奉令兼任财政部税警总团中将总团长，驻防青岛与海州沿海，构筑连云港要塞工程及加强青岛防务。其后抗战发生，这一带海防工事，发挥了很大的作用。

民国二十六年，七七事变发生，我正在庐山军官训练团任队长，带职受训，八月十三日，淞沪战争爆发，十六日我奉派为陆军第八军军长兼税警总团长，第八军也是在八月间以税警总团原有兵力编成的，奉令调沪参战，由海州沿陇海、津浦、京沪各铁路输送，在南翔下车，九月三十日，推进至小南翔地区，当晚集结完毕，步兵第六十一师配属第八军，从此参加抗日行列，负起捍卫国家、保护人民的时代使命。

淞沪地区，属第三战区作战地境，指挥系统，战区司令长官委员长亲自兼任，副长官是顾祝同上将，依作战地域，区分为右翼、中央、左翼三个作战军，作战军之下，辖各集团军，第八军初期隶属中央作战军第九集团军，十月九日，一度改配右翼作战军第十九集团军，十月十五日，复回隶中央第九集团军，从十月一日起，至十二月五日止，在全战役期间，参加蕰藻浜与苏州河阵地守备战斗，及敌人在杭州湾登陆后，掩护大军转进作战等任务，历时六十六日，作战地区，河流纵横，系沼泽地带，工事构筑，阵地守备，均极艰难，而敌人利用空军轰炸，舰炮支援，兵力运用灵活，火力发扬炽烈，我军在装备劣势状况下，士气高昂，奋勇作战，前仆后继，牺牲壮烈，就第八军来讲，蕰藻浜唐桥站的争夺战，和苏州河刘家宅的争夺战，最为惨烈，例如十月三日，为确保唐桥站阵地，我税警总团固守严宅守军，全部殉国，十一月二日六时十五分，敌人以强大空军支援地面作战，向我税警总团第五团阵地猛烈攻击，该团奋勇抵抗，团长丘之纪上校，于激战中饮弹阵亡，官兵亦伤亡过半，同时，我亲自率领官兵，向刘宅反扑，与敌人演成逐室逐屋之争夺战，当我陷身于敌我双方难分之混战中，第七十八军宋军长，得悉情况，曾令该军之二一六团支援作战，十一月三日，敌乘我伤亡惨重，不断增援猛攻，税警总团第二支队司令孙立人，身负重伤，是日午后，税警总团遵令将刘家宅防务，交第三十六师接替。

民国二十七年夏，日军企图沟通南北战场，攻略徐州，我率领第八军，隶属第一战区第二兵团战斗序列，集结于商丘附近地区，五月二十一日，兰封会战揭幕，第八军的任务，是竭力堵击商丘方面日军西犯，当时围攻商丘的日军兵力，约步兵一个旅团、炮兵一联队、机械化兵一个营、工兵、通讯、汽车各一个中队，我第八军协同友军，迎击堵截，奋勇作战。

中原会战结束，抗战进入了第二阶段，国军的整补，干部的训练，任务至为重要，民国二十七年九月，我奉命调任成都中央军校教育处处长，二十九年五月，复奉命调任桂林军校第六分校主任，先后完成成都本校第十四、十五、十六期，桂林分校第十六、十七、十八、十九各期学生养成教育任务。

# 伍

民国三十一年五月，敌军自缅甸入侵我国滇西，占领腾冲、龙陵及怒江以西国土，致使我国唯一的对外交通线滇缅公路，遽被切断，对盟邦美国援助的重要物资与军事装备，唯有仰赖空运，从印度经驼峰到昆明的空运，虽然十分繁忙，但终究杯水车薪，不能满足军事的要求，故就当时全般情况而言，配合盟军作战，收复滇西国土，打通滇缅公路，重开国际路线，是我国最优先的任务，因此我国与盟邦，无时不在筹画反攻之中，民国三十二年（一九四三）一月卡萨布兰加之盟国参谋会议，五月华盛顿会议，八月魁北克会议，对反攻决策，即已决定，十月，先由我驻印军与盟军在印缅地境发动，我远征军改换美式装备，实施短期训练，至民国三十三年（一九四四）四月亦已完成，如是乘我驻印度军进迫密支那附近，遂亦决定由滇西反攻，以策应驻印军之作战。

三十三年四月二十六日，委员长蒋公卯有机谕电示："此次渡江出击之胜负，不仅关系我国军之荣辱，且为我国全局转挨之所系，务希各级将领，竭智尽忠，达成使命。"从这份电文中，即可体认到当时反攻滇西战役的重要性。

作战时间，开始于民国三十三年五月，我于是年九月，奉命接替第十一集团军总司令职务，当时隶属集团军指挥的战斗部队有：第二、第六、第五三、第七一等四个军，第九、第七六、新三三、预备第二、第九三、新三九、第一一六、第一三〇、第八七、第八八、新二八等十一个师，配属集团军指挥的有：第三六、第二〇〇、荣誉第一等三个师，与重炮兵第十团、重迫击炮第七团混合营、通讯兵第九连等特种部队，及滇康缅特别游击队第一、第三、第五等三个纵队，我的任务是要再兴攻击，克复龙陵、芒市、遮放、畹町四大据点，打通中印公路，重开国际路线。基于这项任务，经过一月余的策划准备，我于三十三年十月二十九日，下达命令，围攻龙陵，至三十四年一月二十日，我们连续克复了龙陵、芒市、遮放、畹町四大据点，于一月二十八日十一时，与新一军及盟军在缅北姆色（Muse）举行会师典礼，十四时在畹町举行通车典礼，完成了本集团军的作战任务。当时曾奉到委员长蒋公侍参字第一七七三号电："第十一集团军黄总司令勋鉴：三月二十五日报告悉，滇缅国境会战，山河重光，功在党国，希转知所属官兵，保持过去光荣，努力整训。"

在这连续数月的战斗中，每一分钟的作战行动，都是艰险的，每一寸国土的收复，都是各级将士抛头颅、洒热血的代价，惨酷的鏖战，至今记忆犹新：

——龙陵庙房坡之争夺战：十一月一日，第八七师攻击庙房坡各山头，其中六号山头较高，西、南两面，均受到敌人侧射，攻击艰难，当我军一度攻上棱线时，即受敌人猛烈反攻，我部队立足未稳，几度动摇。在情况危急时，幸得该师二六一团第八连中士班长许庆瑞，独立山顶，勇敢奋战，目见彼在数分钟之内，投掷手榴弹数十枚，击退反攻之敌，六号山头，赖其一人之支撑而确保，第八七师也因此而继续克复了五、九号各山头，并占领庙房坡阵地，由此可知在危急战况中，能得一二勇敢奋战者，常可转危为安，获得胜利。为表扬许士官战功，当时我即在战地召见，立即晋升他为少尉排长，并与之合影，发给奖金。战地英雄，满身光彩，大家都为他勇敢的战绩而感到振奋。

十一月三日晨三时，我军攻克龙陵，中央社战地记者彭河清、黄印文二君，以电话向重庆中央社萧社长同兹告捷，旋据萧社长电告，比即电话报告委员长，时已午夜三时半，委员长谓："我正在等待这消息。"由此可知龙陵战役之重要性与统帅在战时宵旰忧勤之情景。

——三台山南坐寺之争夺战：三台山南坐寺是遮放的大门，也是芒市的前进阵地，我军为巩固芒市的守备，就必须占领三台山南坐寺，占领了三台山南坐寺，就可攻略遮放，十一月二十二日，第七一军八八师二六四团，开始向三台山南坐寺攻击，迄至二十六日，虽数次冲入敌阵肉搏争夺，终因敌阵地坚固，该团第一营营长董雨兰负伤，攻势顿挫，当时陈军长、胡师长，以该团鏖战五日，伤亡重大，拟另派生力部队，接替攻击任务，讵知该团全体官兵，意志坚强，企图旺盛，宁愿全团牺牲于阵地，坚请继续攻击任务，如是再兴攻击，彻夜激战，卒于二十八日晨，完全攻占南坐寺，此种勇敢牺牲精神，与争取战绩之荣誉心，诚足为我国民革命军之楷模。此一阵地，我曾于三十三年十二月十九日，陪同卫长官与美军魏德迈将军（时任中国战区参谋长），前往视察，目见五线配备之纵深阵地，与坚固之堡垒，尽为我炮兵、空军摧毁，茂密之森林，仅剩有焦黄之枯枝，散挂着战死者肢腿残骸，凄凉战地，令人惊心动魄。

——畹町回龙山之争夺战：畹町以北，有回龙山之屏障，形势险要，工事坚固，敌人凭险固守，我军屡攻未克。三十四年一月八日晚，我约第七一军陈军长来扫线指挥所，研判敌情地形，及连日来战况，并决定十日派该军第八八师接替二〇〇师回龙山阵地，对回龙山行中央突破之攻击，占领回龙山，即钻隙突进，击破畹町之敌。是时，适总部美军联络官司徒德上校、费尔特中校、白古拉少校，偕同美国记者白修德，来指挥所访晤，司徒德上校面告："畹町战况，美方魏德迈将军，对伊颇有烦言，并云如战事仍无进展，尔后之空军协助将生困难。"言外之意即畹町如不迅速攻克，将不予空军支援，我当告以魏德迈将军曾研判本集团军当面敌人兵力约五〇〇人，但据俘虏供称，与敌文件证实，本集团军当面之敌，实为五十六师团全部（第一四八、一四六、一一三共三个联队），敌人兵力强大，凭险固守，故我各部队攻击进展较缓，同时严正表示：我国军作战目的，系为世界和平，为人类正义而作战，为民族生存、为国家独立自由而作战，敌人未完全消灭，我国军无论在任何状况下，亦必作战到底，至敌人完全消灭而后已，有无空军支援，并不能改变我们对敌人作战的决心与目的。至美方予吾人以协助，打击共同敌人，当为吾人所希望，亦为吾人所感谢者。在此谈话中，在座的美记者白修德，曾询问陈军长对回龙山之攻击，是否有占领把握，陈军长以坚决之口吻答复，有必胜把握，如十日开始攻击，不能一举成功，我与攻击部队之官兵，即全部在回龙山成仁。当时白修德记者，聆悉陈军长之答复，耸肩伸舌，表示惊讶，盖彼不知中国军人，有不成功即成仁之传统精神也。元月十日，我第八八师二六三团、二六四团，在二十四架飞机，与四十门火炮，向回龙山轰击后，于十二时三十七分，开始向回龙山攻击，至十七时，我二六三团、二六四团，由回龙山反斜面攻上山顶，在此最后十分钟争夺山顶之战斗，手榴弹纷掷，密如骤雨，硝烟尘土，血肉横飞，杀声震天，山崩地裂，斯时副长官黄琪翔中将，与美方司徒德上校、白修德记者，均在扫线山顶观战，白修德记者始于此亲身目见中，惊佩我国军英勇奋战之精神，一改其过去轻蔑误解之偏见，本日回龙山之战，乃整个畹町战局之转捩点，回龙山被我军占领，敌守备畹町正面之右翼支撑点，即被突破，我部队即向畹町坝钻隙突进，一月二十日，我第九师、第八八师，占领畹町。

总计反攻滇西全战役，自民国三十三年五月十一日起，至民国三十四年一月二十七日止，共费时八个月十六天，我军官兵伤亡四万八千五百九十八员名，赤胆忠魂，永镇河岳，其冒白刃、洒热血、精忠贯日之精神，将永垂青史。

# 陆

民国三十四年八月十四日，日本正式宣布无条件投降，我全国军民，茹苦含辛，所从事的长期抗战，于兹获得最后胜利，胜利后的首要工作是复员。

军队的复员是整编，编余军官的处理，是复员转业。当时编余军官，有三十余万人，编成三十一个总队，复员转业的训练任务，由中央训练团负责，协调中央各有关部会，配合办理，这个任务，非常繁重，三十五年七月，我奉命升任中训团教育长，负实际责任，同时又兼任军官训练团的教育长，与国防部配合，调训"剿匪"部队团长以上军官，研究有关"剿匪"战术战法，双重任务，集于一身，工作夜以继日，非常辛劳，遗憾的是，我们付出的财力物力、心力血汗，没有获得代价，三十余万复员军官，分科分期的转业训练计划，被"共匪叛乱"，彻底破坏了。

# 柒

中训团的任务交卸后，三十七年七月，到三十八年二月，这七个月中，中央先后发表了我四项职务，一是长沙绥署的中将副主任兼第三训练处处长，一是国防部中将次长兼陆军第五编练司令官,实际工作,是编训第十四、第二十三、第一〇二等三个军。

三十八年七月下旬,程潜、陈明仁附逆投共,当时这些部队,除第十四军驻防在邵阳、安江地区外,其余第七一军、第一〇〇军、第九七军、第一〇三军,分别驻防在长沙近郊与宁乡、益阳等地区,均陷入共军包围圈内,态势非常不利。

湖南的变乱,震惊了中央,八月五日晚,行政院彻夜开会,商讨对当时局势应付的办法,结果是决定派我回湘,重组湖南省政府,兼任省府主席、与湖南绥靖总司令和第一兵团司令官两项军职,中央的意旨,是要稳定湘局,召集分驻湘南各地的国军部队,因为这些部队,有的是我编练的,有的是我过去指挥过的旧部,与我个人,具有历史性的关系。服从命令,乃军人的天职,支持湖南摇摇欲坠的危局,是义无反顾的,责任与良知,不容我考虑到自身的安危,所以我毅然接受了回湖南的任命,"受任于败军之际,奉命于危难之间",我惟以武侯公忠体国,鞠躬尽瘁的精神,三复自励。

八月七日,飞回湖南后,除了迅速的完成湖南省政府,和绥靖总部与第一兵团司令部三个单位的组织人事部署外,同时请华中长官公署,派出飞机,飞临各部队驻在地,散发传单,告诉各部官兵,说我已回湖南,指示各部队行动方向,和集结地区,至八月中旬,第七一、第一〇〇、第九七、第一〇三等四个军,均已突出共军的重围,集结于邵阳东西与东北各附近地区，由于这些部队的突围来归，与迅速的行动部署，八月十五日晚，我军在界岭、青树坪一带，围歼了林彪的第一四五、第一四六、第一四七等三个师，并生俘共军官兵一千余人，造成"青树坪的大捷"。

为了扩张这次胜利的成果，华中白长官，决定在华中战场，集中陆空军部队，向南下的共军，闪击决战，同时打击活动在湘水西岸的共军。

行动的部署，是以宋希濂部的一一八军对东、北两翼掩护，宋氏本人率主力迅速进出石门、慈利，渡过资水、沅水，向湘江西岸的共军决战，周磐率第一二二军及暂编五个师的主力，向新化共军的侧背攻击。第三兵团与第一兵团的第七一军，继续向永丰方向的共军攻击，第一兵团第十四军之第十师及第一七六师，严密向巨口铺西北地区搜索，机动向新化的共军攻击。

就当时敌我全般态势而论，这次作战部署是有利的，如果各战列部队，都能奉行这项部署的规定，当时可能进薄长沙，而扭转湖南的危局，可惜宋部没有能积极付诸行动，棋差一着，可以输去全盘，虽然是成功的计划，却没有获得真正的成功，青树坪的一场小胜之后，我们又慢慢地转入被动的劣势状况中。

# 捌

自八月五日回湘，在危疑震撼的环境中，支持长沙事变后的湖南残局，到十月六日，刚刚两个月，由于衡宝路以北地区，共军有九个军，分向衡宝路地区突进，是日下午五时半，我奉到长官公署空投命令指示："衡宝正面，暂避决战，即逐次转移主力于湘桂路之线，在零陵南北地区，阻匪进犯……"十月七日，我的部队由衡邵地区开始转进，至十七日，兵团部进驻全县，第七一军在梅溪口、第九七军在七星桥、第十四军在黄沙河各附近地区集结整顿，旋即完成新的部署，担任湘桂边区山岳地带的守备，至十一月五日，华中白长官在桂林官邸，召开军事会议，讨论军事上两个行动方案：

第一案：向南行动，至钦州转运海南岛。

第二案：向西行动，转移至黔、滇边境，进入云南。

参加会议的有：长官公署副长官李品仙、夏威、参谋长徐祖贻、副参谋长赖光大、第三兵团司令官张淦、第十兵团司令官徐启明、第十一兵团司令官鲁道源等。

我自转进到广西境内之后，对当前的共军态势，曾不断研判，当时华中地区，林、刘两部，共有十九个军，为数在五十五万人以上，其主力将分由湘粤边境，进攻广西，企图吸引我军主力，在广西战场决战，我华中战列部队的五个兵团

（第一、第三、第十、第十一、第十七）总计不过三十万人，兵力战力，都比共军要差，在战略态势上，共军是外线作战，我军则是内线作战。

依照当时全般状况判断，与内线作战指导原则，华中部队在战略上，应避免与敌决战，向滇黔边境，逐次转移，以百色、昆明为大后方，准备持久作战，在战术上应集中兵力，形成局部优势，捕捉战机，乘共军分进之际，机动运用，将其各个击破，使共军分进合击的包围态势，无法形成，以大吃小的惯技，无法施展。

同时，华中部队迫入黔、滇，不但西南防卫力量增强，而且可以支援在川康的胡宗南部，向云南集结，我全部兵力集中云南，固守滇、黔山岳地带，以雄厚的兵力，凭借西南天然的作战地形，整个战局，仍大有可为。如果华中部队向南转移，兵力分散，在行动中，可能被优势共军包围合击，或者各个击破，即使我们的行动迅速，能在共军未完成包围之前，到达钦州，而数十万大军的运输工具，又如何能在极短期间获得供应？再退一步设想，即使转运到海南岛，而大军局促在一个海岛上，琼岛海峡，既不能形成天然障碍，自然不易发挥防卫固守的力量，两相权衡，向西行动，比向南行动，对我们任何一方都要有利。

根据上述理由，我在会议中具申意见，力主向西行动进入云南，和我持同一见解的，只有李品仙中将，其余在座的将领，如夏威、张淦、徐启明、赖光大诸人，都持相反的意见，力主向南行动，转运海南岛。

最后，白长官采用了第一案——向南行动，此一行动的结果，幻灭了我们固守西南基地，待机反攻的远景，也损失了几十万能征惯战的精锐部队。

在向南转进的行动中，第三兵团、第十兵团、第十一兵团，这三个属于华中序列的战斗兵团，不但转运海南岛未成，而且大部分尚未到达钦州，即被共军合击包围，各个击破，以致全部覆没，只有我统帅的第一兵团，在东、南、北三面临敌，在前、后、左、右无掩护支援的状况下，孤军西进，最后因云南卢汉叛变，被迫进入越南。

## 玖

十二月八日，兵团部指挥所转移到明江，接到白长官电报指示："为适应当前情况，各部队应力求避战，保存实力，轻装分散，机动出击，化整为零，各自选择适当地区，以安全为第一。"十二月九日，得到昆明卢汉叛变的报导，入滇之道已断，同时接到东南军政长官陈诚上将电报："贵部行动目标，未知白长官有无计划与指示，弟以贵部如出北海防城，照目前敌情，恐于事实上难以达到，不如并力西进，重行入安南，保有根据地，然后相机行事，留越转台，皆可自卫，未知兄意如何。"

局势愈紧急,时间也愈匆促,经即召集王天鸣、蒋伏生、成刚、蒋当翊、何竹本、郭文灿、范湖、江望山等高级指挥官与高级幕僚,举行会议,就陈长官适才所来的电报,与白长官"力求避战,保存实力"意旨,针对当面敌情,作审慎的研究,会议中认为:"昆明政变,西进之路已断",为保存华中区这一部仅存的实力,一致主张:"假道入越,转运回台",最后,我裁决了"假道入越,转运回台"这一方案,随即发出了两道电报,分致陈长官、白长官,和一封致法国驻越南高级专员的函件,于十日上午八时,派外事处长毛起鹏,携带致法驻越专员的函件,随蒋伏生中将,先行向爱店出发,和法方洽商假道事宜,十二月十二日上午八时,毛处长起鹏报告有关假道事宜,和法方获得初步协议,各高级将领,都认为协议内容,合理可行,经我同意后,于下午三时,派参谋长何竹本,偕毛处长再度赴峙马屯与法驻谅山边防军参谋长奥里亚(Lt.Col.Auridl)中校,就上项协定签字,成为有效的公文书,何竹本等并即赴谅山转河内,续商假道中各项技术问题。

十二日晚至十三日晨,我第十四军与第九七军各部队,在洞浪街亘爱店以北地区,与共军发生激战,第九十七军副军长郭文灿及参谋长伍国光不幸被俘,情况紧急,准备工作,无法及时完成,我军乃于十二月十三日上午八时,开始由爱店入越。

# 拾

我军入越后，共党总理周恩来，即向法方广播，责备越南的法军，不应准许我军入境，且要法方负担起战争的结果，巴黎方面，非常恐慌，乃借词依照国际公法，将我军软禁，中经我方循外交途径，多方交涉，至一九五三年夏，始与法方达成协议，由我方派遣船舰，于五月二十三日，至六月二十二日，分七批接运回台。

一九四九年十二月十三日，随同我进入越南的我军人数，是三二、四五七人，三年半以后，接运回台投入祖国怀抱的军民，有三〇、〇八七人，取得侨民身份，散居越、棉各地，自由谋生的义胞，约一千五百人，记得一九五〇年春间，我在越北蒙阳营区，曾对入越的官兵同志说过："我把大家带进越南，我还要把大家带回台湾。"

这句话总算没有落空，但是换取这句话的实现，中间却经历了说不尽的苦难。

在整个大陆失掉，我方命运，面临危急存亡之秋，我们以疲惫之师，解除了武装，羁留异域三年半之后，犹能全师而还，这在中外历史上，是一个罕见的事例，也是一个奇迹，客观的检讨，形成这一奇迹的因素，有下列几点：

一、是完整的组织，维系了团体的完整：我军入越之初，分驻蒙阳与来姆法郎两个营区，当时单位达数十，分子十分复杂，生活环境恶劣，管理非常困难，狼狈、拥挤、杂乱，集中营的面貌，令人不忍卒睹，面对这样一个局面，我感到需要彻底的整顿，乃于一九五〇年二月六日，召集蒙阳、来姆法郎两营区的高级将领，举行会议，决定将两个营区的部队，实施统一整编，经过点验、选拔，将战斗员兵，编成了七个总队，分别隶属于第一、二两个管训处，编余军官三千余人，经甄别考试后，编成六个大队，隶属于预备干部训练班，未参加考试与未录取人员，编成一个大队，义民编成一个大队，直隶兵团部。整编工作完成后，全部军民，都纳入了组织，人人归队，管理比较容易，战斗员兵与非战斗员兵分别编组，无论是任务赋予，或工作执行，指挥运用，都甚灵活。

由于我们入越官兵，保持了完整的军事组织和指挥系统，对于接踵而来的法方要求征集士兵，到鸿基煤矿、广利胶园等地做工事件，我们才能始终把握住"建制内的战斗员兵，决不参加做工，做工人员，只限于没有考取的队员及义民"的原则，也由于能坚持这个原则，法方处心积虑，想利用我们士兵劳力，开发煤矿、胶园资源的企图，未获得逞，两个营区，参加煤矿做工的人，只有二千人，参加橡胶园做工的，只有一千人，这些自愿参加的人员，都是未参加考试的队员与义民，我们建制内的战斗员兵，没有人参加做工。

二、是勤劳克苦的毅力，开拓了气象雄伟的环境：蒙阳与来姆法郎两个营区的部队，自一九五〇年三月六日开始南迁，至同年八月底，全部运抵富国岛与金兰湾两地，一九五〇年十二月，遵照"国防部"电令，将兵团部改为"留越国军管训总处"，将一九五〇年自滇入越之廿六军集中在金兰湾，部队整编为三个总队，隶属第三管训处，一九五二年三月，我复要求法方，同意将金兰湾的部队南运，集中富国岛，五月运输完毕，六月，我遵照"国防部"指示，将预备干部训练班，改编为军官团，营区的分配：管训总处与第一、三管训处，驻阳东营区，第二管训处与军官团驻介多营区。

两个营区所开辟的土地，全都是林木交错的荒野地带，部属首先砍伐草木，锄平地基，树立营舍雏型，再按规定的图式去建筑，因为遍地都是草木，取之不尽，用之不竭，建筑所需的材料，可取之于山林，每一批到达富国岛的部队，两个星期，营舍便可落成，一九五〇年十月底，阳东、介多的营建工作，大部告竣，接着是建造医院、仓库、码头桥梁、中山堂和眷属住宅等公共设施。

营区范围宽广，营舍整齐壮观，青山绿水，花木扶疏，各部队克难、竞争的精神，发挥到极致，凡是参观过富国岛营区的中外人士，对留越我军在这荒岛上所开辟的新天地，无不感叹赞佩。

三、是蒋公复职，专使宣慰，提振了士气精神：一九四九年冬到一九五〇年夏，这一段时间，是我入越"国军"环境最恶劣，物质最缺乏，精神最痛苦的时期，一九五〇年三月，蒋公复职的消息，为我们这支羁留海外的孤军，带来了一线曙光，接着七月十七日，我西贡尹"总领事"凤藻，代表蒋公来岛宣慰，十月十七日，蒋公复派顾问林蔚文上将、"总政治部"副主任胡伟克少将，来越宣慰，并带来了大批服装、药品、书籍、文康器材，祖国的温情，领袖的关爱，使每一位在苦难中挣扎的官兵，获得很深的慰藉，振奋的精神，激发起高昂的士气，与旺盛的活力，争自由、回台湾，是大家共同的目标与期待。一九五一年圣诞节，全营区官兵、义民、眷属绝食运动，争自由的呼声，曾震惊了全世界，使法方负责当局，感到事态严重。一九五二年十月底，蒋公华诞那天，举办了为时五天的全军运动大会，同时，以第一管训处建造的可容二千四百人的"世界第一大茅屋——中山堂"，奉蒋公大寿，柬邀各地侨领和外宾来岛参观，法方高级将领潘迪中将（Ceneeal Bondis）及雷鲁塞上校、贾业中校、魏安少校等，都认为我们是一支精锐部队，深致敬佩，更使旅越侨胞，加深了对祖国的向往。

在逆境中，组织的力量，可以造成有力的形势，在逆境中，能自立则为人所不能欺，能自强则为人所不能弱，留越我军，能全师而还，是组织的力量、自立的精神、自强的表现，所获致的成功。

# 拾　壹

留越我军接运回台工作，于一九五三年六月二十二日，全部完成，我始离岛返西贡，处理结束事宜，至七月三日，离贡回台，八月一日，奉命接任台北卫戍司令，任务是负责台北地区的警备治安，十月，晋任陆军二级上将，一九五四年七月，奉调为"陆军总司令"，兼"台湾防卫总司令"。

"陆总"的任务，是与美军顾问团陆军组密切配合，有效的运用美方的军援装备物资，重新整建陆军体制，将原来南、北两个防守区撤销，编组两个军团，下辖六个军，二十一个步兵师及一个装甲兵司令部（辖两个装甲师）、一个空降司令部（辖一个空降旅）、一个训练司令部，负责各部队基地轮训，美方陆军组的顾问，派到团以上各级司令部，协助我军，加强各兵种与各兵科学校的训练。

陆军部队经过此次整编，最大的特点，是由原来防守区守势体制，而变为野战军团攻势编组，显示我们不仅要防守台澎金马"复兴基地"，而且在时机有利状况下，我们可以随时出击，遂行攻势作战。

"陆总"另一个重要工作，是成立陆军供应司令部，建立陆军健全的后勤体制，具有充分的补给能力，支援陆军部队，使具有灵活的通讯能力、快速的机动能力、强大的火力，与持续作战能力。

这项陆军整编工作，在我的任内，能全部完成，我深引为慰。

# 拾　　贰

"陆总"的任务，告一段落后，一九五七年七月，我奉调"总统府参军长"，这一年得随侍蒋公，参与密勿，对高阶层的大事，增加了许多了解。

一九五八年八月，奉调为"台湾警备总司令"，金门"八二三"炮战发生，震撼中外，"警总"负有"安定后方，支援前线"的双重任务，使命重大。

"警总"的任务特性，并非纯军事性的，许多措施，都涉及人民权利义务，对宪、警方面，重在协调配合，在社会民众方面，要讲求方法要领，争取合作，因此，我特别强调"警备工作艺术化"的原则，强化组织体系，在本岛北、中、南、东四个地区，分别设置地区警备部，统一指挥各该地区有关警备、保安、民防三大部分工作，运用十分灵活，在炮战期间，"警总"充分发挥了"安定后方，支援前线"力量。一九六〇年七月，奉命晋任陆军一级上将。

# 拾　参

一九六二年十二月，我奉命调任"台湾省政府主席"，至一九六九年七月离职，在任时间，达六年七个月。

政治是管理众人的事，省政工作，盘根错节，经纬万端，有关政策方面的预算、组织、重要措施，都要先报省府委员会与"省议会"审议通过，才能付诸实施，我深切的体认到，作为人民公仆的主席，不但要为人民提供充分的服务，对于配合"中央"政策，协调"议会"意见，寻求和谐的合作，友善的支持，更是重要的政治艺术，另一方面，分层负责，逐级授权，执简驭繁，治众如治寡，使人人有事做，人无间散，事事有人做，事无废弛，全般行政，在正常的轨道上运行，也是一个重要的原则。

对我来说，行政工作可说毫无经验，除随时请示上级外，最重要的是根据蒋公训词"行政机关与推行政令之要领"的指示，加以运用，才能使行政向建设"三民主义模范省"的里程前进。

我在省府服务，时间较长，重要施政颇多，比较显著的有：办理治山与防洪、实施九年国民教育、筹建曾文水库、推行社区发展、开辟高雄港第二港口、策定台中新港、修筑东部产业道路、兴建澎湖大桥、兴建南部横贯公路、完成台北地区第一期防洪工程（办理基隆河改道工程）、扩建乡村自来水等项，这些工作，对省政建设发展，都具有很深远的影响。

# 拾　肆

一九六九年七月，我奉调"行政院政务委员"兼"国防部长"，仍是军职外调的文职政务官，"国防部长"的职责，是主管军政，在任期间，推动的重要政务，人力方面，有：建立"国军"聘雇制度，调整"国军"官兵待遇、争取文武权益平衡等项。物力方面，有：促进"国防"工业建设、筹建合金钢厂、筹建军车发动机铸造厂等项。法制方面，有：完成"国防部组织法"之制定、改进大专预官选训服役制度、修改召集规则、改进动员体制、建立军中法制业务体系、精简"国防法规"等项。主计方面，有：革新"国军"主计制度、发展军事企划预算制度、改进"国防"施政计划与预算编审、有效运用军费预算、支援战备等项。"国防"科学方面，有：促进"国军"装备现代化设立科学研究院、考选三军优秀军官出境深造、罗致科学人才、策动国外重大合作等项。

这些工作，都是建设"国防"现代化的基础。

# 拾　伍

一九七二年六月，奉调"总统府战略顾问"，在组织方面，仍继续担任中央委员会常务委员，为纪念蒋公九秩诞辰，并奉行其"复兴民族文化"遗命，于一九七六年邀请陈立夫、杨亮功、张其昀、刘季洪、罗光、唐纵、谷凤翔诸先生为编修委员，萧天石先生为主编，编修编印《中国子学名著集成》，总凡一百〇二巨册（外毅一子及索引各一册），选刊全系宋、元、明、清之善本子书，尤多手写本、孤本、秘本及钞本，凡三十余类，共收子学名著达三百四十余种，并详为校雠，慎选诸子概说与书目提要，总凡五十余篇，前后费时四年有余，始克完成，悉以分赠岛内外各大学及著名图书馆。

# 拾　陆

回顾壮岁投笔，至今倏近六十年，自毕业分发，其间或领兵作战，或负责行政工作，无不兢业从事。虽幸无重大过失，然实无所贡献于邦国，有负国家培植、长官提携，衷心惶愧，莫可名状。谨将生平重要经过，概略述之，以告余之师友。

（本文原载《传记文学》第三十八卷第三期）

# 附录三　先君先慈百龄诞辰书感

今岁庚申，先君德溥公暨先慈唐太夫人同登百龄期颐之域，距先君之殁，历三十有六年，而先慈见背，亦四十有二载。不肖自请缨黄埔，置身前敌，五十年还，幸得保其匹夫硁硁之节，不为当世师友所弃，此皆畴曩庭闱之教所赐。迄今九州未复，亲舍荡然，椎心之痛，与时俱集，其不能已于吾怀者，又岂仅风木之思也。

吾家本寒素，先世聚居长沙东乡，耕读相承，至先祖父国尊公以军功获授清五品奉直大夫，随左文襄宦游西北，门祚遂昌。先祖父仪容峻肃，威重见称于里闬。及家有余储，周人之急，辄不惜倾囊以应。求助者接踵于吾家之门，远近咸德之。先君尝为吾言："汝生之岁，适汝祖知命之年，不欲久客他乡，乃解组归田，于宾筵之际，立誓戒其阿芙蓉癖，且谓今为人祖，当以矩范示之后昆。终其生不复一亲宿嗜，其恒毅如此，汝其志之。"不肖虽迫暮齿，不敢或忘也。

先君同怀两人，居长，次则吾姑也。幼承家学，翟然有远举之志，慕左文襄天山杨柳之风，于民前七年，以候补知县与同邑戴先生训典结伴远赴新疆。先任诺羌县清丈局长，历任轮台、皮山、于阗各县第二科科长。每出丈量土地，业主常异碎金暗纳先君鞍箧，既觉，取而弃之于地，不复顾也。于是民咸敬其廉守。

先君之入新也，早已隶革命党籍，事为新督杨增新所悉，欲逮而杀之。同志密以白父，复得民众之助，护之至西北利亚铁路车站，始脱缇骑。民国四年，取道海参崴经东北归里。时吾将届志学之年，趋庭质难，乃有所承。后数年，北洋军阀踞湘，劫掠暴敛，几无宁日，吾家亦一夕数惊，先祖母庄太宜人，竟因惊悸致疾，隔年而弃养。先君遽遭丧母之痛，国事之蜩螗，乃复萌问世之意。

民国十二年国父在广州，重整革命大业，先君以投笔从戎，许身革命相勖。不肖亦早蓄班生之志，禀之先祖父，遂挈吾随湘军入粤。抵广州，获悉黄埔陆军官校即将招生，与先君蛰居逆旅，潜心课业，以备应试。而资斧将尽，告悫无门，涉人世难堪之境，回思父子节食相依之情状，历历如在目前。同年三月，考试得中，自此摆甲行间，驰驱南北，父意子志，兼而得酬矣。不肖既入黄埔，先君则仍回湘军，驻屯东江，夏间，河源痢疾肆虐，湘军死者以万计，先君抱病至广州就医。吾方以新生入伍，必俟月仅一次之例假始得外出趋侍，然汤药之资颇费张罗。同学如袁守谦、李树森、潘德立、成啸松、郑凯南辈，各罄其所有以济，周至之谊，毕生不忘。

不肖毕业后，分发教导第一团，参与两次东征及回师广州各役。先君在广州，应同学袁守谦、贺衷寒诸人之邀，出任军校区党部书记，迨第三期同学入伍时，任政治部干事，遂留黄埔。十五年秋间先君忽来吾潮州军次，谓将赋归，以上慰先祖父倚闾之望，聊补吾父子远游之愆，临行之际，于大孝报国之义，百端譬解。勉吾披坚执锐，一瞑不视，建旗鼓之烈，庶不辱其亲。而于服膺校长蒋公之命，执忠莅事，尤三复致意，其平居亦屡以此相勖。故不肖在军在政，兢兢然未隳师门之教，盖皆秉于庭训也。

民国二十年，先祖父逝于长沙故居，时吾方率部在赣"追剿赤匪"，不获奔丧之请。先君在里，成礼尽哀，勉吾移孝作忠，以继先志。吾生三岁，先君远游，祖孙相依，情分弥挚。四岁亲为启蒙，虽在稚龄，严督日课，未尝以词色相假。不肖略通文翰，自兹始也。而先祖父平生刚介不阿之性，所训迪陶熔于吾者，则尤大焉。

民国二十二年，吾率第二师驻华北整训，略有暇晷，亲承色笑，乃迎先君暨先慈北上，翌年五月初二日适介先君五十华诞，宾僚举桃觞以庆，天伦之乐，无逾于此。

廿六年，中日战起，吾率第八军预于上海八一三之役，是年冬移师陕西整训。廿七年五月参加归德战役之际，不幸先慈于此时疾革，而战事方酣，未克轻离行阵，蒙委员长蒋公派员莅湘存唁，厚赙兼金，并颁"精忠垂教"象赞，统帅厚爱，感藏心臆。然为人子者，未能侍疾于生前，复不得临窀穸于既殁，乌乌私情，其何以堪！伏念先慈来嫔吾父，力摒华饰，井臼烹饪洒扫之劳，一身任之，略无愠色。事先祖父母尤先意承志，曲得其欢。先君壮岁远役绝塞，时逾十稔，上事老亲，下育稚子，内外家政，细及粒粟丝缕，莫不承亲，其间先祖父母偶膺疾床褥，侍汤药，不稍离，其纯孝如此。犹忆幼年，先君音讯久沉，侍母夜读，一灯荧荧，诚不知何以自存，凄恻之状，不忍卒述。自吾成立，间亦迎养在外，退食之暇，每谕以为人处事之道，于不滥杀，不矜功，忠以报国，仁以待下，叮咛至再，唯恐或替。晚年耽于禅悦，先急公益，营募千金筑邑中青冈桥，行旅称便，而周恤寒苦，奖助失学，不可一一数也。

廿七年吾奉调成都，时日寇已迫湘境，乃迎先君入川。至卅三年吾统第十一集团军强渡怒江，反功滇西。冬间，正两军鏖战方酣之际，先君病殁成都，享年六十有四。统帅蒋公以鏖战方殷，未可以父丧，分我心志，秘不使知，及奏肤功，始闻噩耗，而先君则已荷蒋公之命，发治丧费十万元，并派军校教育长万耀煌将军代为经纪，下厝于成都东郊矣。战后复以赤氛荐作，驰突不遑，未及奉骸骨归葬祖茔，哀哀此心，不知涕泪之何从也。

先君幼而勉学，文采冠于同列，及壮，游宦四方，未尝无用世之意，乃厄于运会，终不获大展，故退而以报国淑世之诚，一以期之于不肖兄弟。父子相聚，舍忠恪持身之语，不及其私，含宏之大，沛然未可量也。

自先祖父之丧，以及先君先慈之殁，吾皆墨绖前军，不得尽人孙人子庐墓之哀。今则大陆"沦为犬羊窟宅"，岁时且不获展拜于松楸之前，一惟仰首泣慕于浮云斜日之间，载诵蓼莪之诗，悠悠彼苍，曷其有极。今当先君暨先慈百龄冥诞之辰，不肖既懔继述之艰，复抱家国之痛，允宜孤忠自矢，至老弥坚。且以督之吾弟定华及诸子侄崇德自效，以无负吾父母鞠育顾复之深恩，则幸矣。

不肖黄　杰　谨述

## 附录电文三件

一、委员长蒋侍参微电：

"云南第十一集团军黄总司令礼鉴：顷闻尊翁捐馆，不胜怛悼。务盼节哀自重，移孝作忠，墨绖从戎，九原可作。特电驰唁。中正侍参微。"

二、委员长侍从室钱主任大钧支电：

"云南第十一集团军黄总司令达云兄礼鉴：奉委座谕，转知吾兄不必奔丧，希移孝作忠，并发治丧费十万元。除拟代请领暨于渝蓉两地开丧，印发讣闻筹办丧事外，如兄有何主张，请速示。钱大钧支印。"

三、呈委员长蒋电：

"重庆委员长蒋钧鉴：哿日克复畹町，马日午后五时随何总长返抵芒市，始惊悉家父于去年亥卅寿终蓉寓。职以指挥作战，未克奔丧，罪孽深重，悲痛难已。惟幸职弟定华随侍在侧，得能亲视含殓，遵礼成服。职因边陲残敌，尚待肃清，谨遵钧座侍参微电训示，移孝作忠，藉报作育之德。辱蒙厚赐治丧费十万元，存殁均感。专肃申谢。职黄杰叩酉芒。"

（原载《传记文学》第三十七卷第二期）

# 附录四　抗日战争的回忆

今年"七七"，是我国对日全面抗战四十周年纪念日，这个纪念日，对我们这一代的中国人来讲，是"创痛历久犹新，永恒不能忘怀的日子"，因为我们参加了这一场为民族争生存，为国家争独立，坚苦卓绝，对抗异族侵略的战争。

在本文中，我将就日本军阀侵华行动，长期抗战的决策，长期抗战的准备，以及我亲身参加长城、淞沪、滇西，几次重要战役的经过，分别作简要翔实的叙述。

## 日本军阀侵华行动

日本军阀的侵华，是他明治维新以来既定的政策，即是"大陆政策"，是以四大步骤来进行的。第一，夺取台湾；第二，夺取朝鲜；第三，进取满蒙；第四，灭亡中国。我中华民族为了救亡图存，被迫起而自卫奋斗，也是国民革命过程中最艰苦、最惊险，而包含辛酸的一段事实。

甲午战争，日本军阀大败废清，强迫割让台湾、澎湖，作为其南进的根据地。十年后的日俄战争，又击败了俄帝，攫取我东北特权，自此以后，日本军阀即不断的扩大其北进的"大陆政策"，对中国大事展开经济、政治和军事的侵略，各种阴谋诡计，层出不穷，民国三、四年间，以高压手段，攻占青岛，强占胶济铁路，更强迫袁世凯签订亡国的二十一条。民国六、七年间，利用段祺瑞窃国的野心，假借款以攫夺中国的利益，订立军事协定，企图掌握中国军事权力。北伐期间，借口南京事件，竟公开提倡瓜分中国，出兵山东，阻挠北伐之师，更谋害张作霖，图阻东北易帜。"九一八"以后，侵略益急，吞并东北，窥伺华北，竟声言中日问题，不许第三国干涉。七七事变，乘我建设未就，陈兵国境，欲以暴力威胁，不战而屈我。"八一三"淞沪战起，倾其暴力，欲求速战速决，灭亡中国。狰狞面目，充分暴露，给予我国国民带来无比的愤怒，也给全世界投下了一颗破坏和平的巨弹。

## 长期抗战的准备

北伐成功后，举国上下，原为同心建设，以求中国的富强，不意反动势力，迭起环兴，俄帝共党，内外夹击。尤以

"九一八"事变以后，共患日寇，交相侵凌，国家民族的危机，达于极点，蒋公忍辱负重，强调"和平未到绝望时期，决不放弃和平，牺牲未到最后关头，决不轻言牺牲"，以换取备战时间，积极进行政治、经济、心理、军事四大国力建设。如：

推行新生活运动，推行保甲制度，建立征兵动员制度，设立师团管区，训练壮丁，普及军训，全面整建国军，统一军事教育，创办庐山、峨眉军官训练团，实施学校国民军训，扩建兵工被服工厂，储备武器弹药被服粮秣，整备军事交通通信，加强防空设施，整建江防海岸要塞，开发战略资源，统制特种矿业，建设重要工业，准备经济动员，构筑国防工事等，都是抗战前利用时间，积极推展的准备工作。民国二十三年，长城战役停战后，我率领所部第二师，在北平附近地区整训时，曾奉到委员长命令，于夜间在永定河南岸构筑防御工事。二十五年兼任徐海警备司令时，亦奉命在徐州、海州、连云港等地区，构筑国防工事，这些防御阵地，以后在对日军作战时，发生了极有效的作用。由此，也可知我们当时备战工作，是如何的分秒必争，紧张积极。

## 长期抗战的策略

在"匪祸"与日本侵略，交互构成内外交迫的状态下，我国究应如何自处，如何维护我国家生存，如何保障我民族生存，此诚为一具有历史性的重大抉择，因其为一两难之局，顾此失彼，稍有不慎，国将危亡。民国二十一年四月七日，政府在洛阳召开"国难会议"，曾作重大抉择，策定了"攘外必先安内"的最高国防决策，安内即所以攘外，换言之，即先"剿匪"，而后抗日，蒋公当时曾剀切说明："我们'剿匪戡乱'，就是抗日御侮的初步。如果'剿匪'不能成功，抗日就没有基础，无论我们有怎么强大的武力，若是遭受到腹背受敌，内外夹击，前后方都告危急，那是没有不失败的。所以我们不先安内而求攘外，在战略上、理论上，都是居于必败之地。"自古未有奸人在内，而大将能成功于外者，昔武侯未出中原，先擒孟获，以除内顾之忧，其意亦即攘外必先安内。

由于攘外必先安内的正确决策，我国获得了数年准备时间，至二十六年七七事变，全国军民，才能在枕戈听漏、束马瞻星之战备状况下奋起，从事长期抗战。

在抗日战争爆发后，我们的战略指导有三个要点：

**在国家战略方面**：确立了"抗战与建国"并行的方针，二十七年四月，中国国民党在武昌举行临时全国代表大会，制定《抗战建国纲领》，经国民参政会决议颁布，作为全国一致信守的准则，这一纲领，即为一面抗战，一面建国基本国策的具体方案。中央为贯彻《抗战建国纲领》，达成抗战胜利、建国成功的目的，二十八年三月十二日，复公布了《国民精神总动员纲领》，结合全国国民的精神，于"国家至上，民族至上"、

"军事第一，胜利第一"、"意志集中，力量集中"的同一信仰、同一目标之下而努力奋斗。

**在大战略方面：**决定"联合世界上同情于我的国家及民族，制止日本侵略，为世界和平与正义，共同奋斗"。民国三十年十二月八日凌晨，日本军阀展开其所谓"南进"的狂妄侵略行动，倾其海军全力，突击珍珠港，当日下午，蒋公立即召见英美等国驻华大使，告以中国对轴心国家宣战的决心，次日正式宣布对德、日、意轴心国同时宣战的文告，誓与反侵略友邦，并肩作战到底。三十一年元旦，中、美、英等二十六国（最后增至五十二国）在华府签订对轴心国共同行动宣言（这二十六国，后来称为联合国，这一宣言，也称为联合国宣言），表示一致联合对德、日、意轴心作战，一月四日，二十六国代表，再度在华府会议时，因感于中国反侵略的前哨作战，已变成了世界反侵略的东亚主要战场，且曾创下辉煌的战果，如是一致推举蒋公为二十六国联军中国战区（含越南、泰国及将来可能为盟军控制区域）最高统帅，负责全战区联军作战事宜，德不孤，必有邻，中国独立抗日战争，至此已结合盟邦，演变为国际战争。

**在野战战略方面：**始则迫敌由北向南之作战线，改变为自东向西，做到以空间换取时间，积小胜为大胜的"持久战略"，继则削弱消耗敌人战力，并于建立新军之后，相继转移攻势，以做到围捕日军于中国大陆之"歼灭战略"。

由改变日军作战线，迫诱其自东西进，沿长江西上，为其整个侵略战争的主要路线，亦即漫长最艰苦的一条路线，在战略上，我们获得了预期的效果：

日军仅能迫使国军向通往大后方之补给线撤退，而无法迫使国军决战，因而日军速战速决战略，被迫否定了。

国军获得较大空间，以换取较长时间，因而得到迁移人力物力至大后方，重新整备建设的余裕时间，造成持久战成功之条件。

日军补给线延长，增加其作战困难，有利于国军之持久与攻势转移，造成在淞沪、台儿庄、武汉、长沙、衡阳、滇西等迭次大战中歼灭大量日军之战果，终于战胜日军，拯救了中国之命运。

从对日抗战全程观之，蒋公自始至终，掌握了战略总构想，以及"三分军事，七分政治"，以武力为中心的总体战思想，从开战前的建军备战，抗战基地的选定，迫使日军作战线的改变，中苏互不侵犯条约的签订，抗战到底的坚持，一直到独立对日作战，演变为联合盟邦对日作战，其中包含了国家战略、大战略，以及野战战略的卓越指导，才能赢得对日抗战的胜利。而这些卓越战略的指导与运用，都是蒋公在开战之前，即已深谋远虑，审度周详，智珠在握，成竹在胸，因而奠定了

"先胜而后求战"的基础,所以说:"抗日战争,胜于开战之先。"

上列各节,乃是抗日战争爆发前的一般状况,与抗日战争中的一般形势,以下则是我个人参加抗日战争重要战役的概况。

## 长城战役:南天门之激战

民国二十二年三月三日,热河省主席汤玉麟,坐镇省会——承德,弃职逃亡,日军第八师团川原挺身队,得悉情报,遂翻山越岭,漏夜前进,于四日清晨,仅以一百二十八人的小部队,进入承德,控制全市,热河全境,也就轻易的失守了,全国舆论,为之沸腾。

在此期间,日军继续进攻,以北平东北约一百公里的长城古北口为主要目标。古北口是由承德到北平的交通孔道,守备古北口的部队,是第七十六军(军长王以哲)之第一○七师(师长张政枋),与第十七军(军长徐庭瑶)之第二十五师(师长关麟征),从三月五日起,与敌激战,牺牲重大,至十二日,古北口失陷,退守南天门一带。斯时我的职务,是第二师师长,奉命率领第二师集中洛阳,向北通州输送,随即兼程向密云前进。十二日到达石匣加入第八军团(总指挥杨杰)第十七军序列,十三日奉命接替第二十五师南天门防务,守备黄土梁、南天门亘八道楼子一带阵地。

敌军自增兵古北口后，即声言一星期内，攻下南天门华军阵地，故自四月十六日后，敌机十余架，即更番至南天门及石匣、密云一带阵地猛烈轰炸。至二十一日，敌军更全面向我黄土梁、南天门、八道楼子之阵地攻击，炮弹密如雨点，烟火弥漫，尘沙蔽天，五昼夜未稍终止。尤其左翼八道楼子一地，着弹三千余发，工事尽被摧毁，骨肉悉为灰烬，我阵亡营长聂新、吴超征之忠骸，在敌机炮重量炸弹下化为乌有，惨烈情状令人痛愤。我军浴血苦战伤亡官兵达三千余。敌军此次进犯南天门、八道楼子，企图中央突破直趋密云，以建立其侵略整个华北之基础，诚不料我军能如此奋勇苦战，自认此次古北口、南天门之苦战恶斗，为侵沈、热以来未有之血战。敌人伤亡五千余人，为历次损失最大者。蒋公特电嘉勉："此次我第二师在古北口南天门与倭寇血战七昼夜屹然不动，卒能击退暴日力挫寇氛，虽牺牲甚大，伤痛甚切，然足以表现我中华民族革命之精神，亦可慰总理与阵亡诸将士在天之灵矣。希我将士继续努力奋斗到底，完成革命使命，发扬我国民革命军神圣光荣之历史，本委员长有厚望焉。"并于二十二年四月二十八日日记云："此役或足以挫寇氛而振革命之士气也乎。"实则我将士浴血苦战，奋勇牺牲之精神，乃多年来仰承领袖精诚感召之结果，其由来也有自矣。

四月二十六日，本师南天门、黄土梁一带阵地，奉命交第八十三师（师长刘戡）接替，移驻金扇子、九松山一带整理补充，准备再战。斯时北平方面，有酝酿停战空气。五月二十三日，事态急转直下，日军突然要求停战，为保守华北，保全北平文化古都，我政府忍辱负重，同意协商，五月三十一日上午十一时十一分，我代表签署了这份停战蒙耻的《塘沽协定》，以换取四年备战的时间，我前方将士，遵照政府命令，含泪退出寸土必争的战场。

## 淞沪战役：蕴藻浜与苏州河之激战

民国二十六年八月十三日，淞沪战争爆发，当时我的职务，是陆军第八军军长，兼税警总团总团长，第八军也是在八月间以税警总团原有编制兵力编成的，奉命调沪参战，由海州沿陇海、津浦、京沪各铁路，专程直达输送，在南翔下车。九月三十日，推进至小南翔地区，当晚集结完毕，步兵第六十一师配属第八军，从此参加抗日行列，负担起捍卫国家，保护人民的时代使命。

淞沪地区，属第三战区作战地境，指挥系统，战区司令长官，委员长亲自兼任，副长官是顾祝同上将。依作战地域，区分为右翼、中央、左翼三个作战军，作战军之下，辖各集团军，第八军初期隶属中央作战军第九集团军，十月九日，一度改配右翼作战军第十九集团军，十月十五日，复回隶中央第九集团军。从十月一日起，至十二月五日止，在全战役期间，参加蕴藻浜与苏州河阵地守备战斗，及敌人在杭州湾登陆后，掩护大军转进作战等任务，历时六十六日。作战地南，河流纵横，系沼泽地带，工事构筑，阵地守备，均极艰难，而敌人利用空军轰炸，舰炮支援，兵力运用灵活，火力发扬炽烈，我军在装备劣势状况下，士气高昂，奋勇作战，前仆后继，牺牲壮烈。就第八军来讲，蕴藻浜唐桥站的争夺战，和苏州河刘家宅的争夺战，最为惨酷，最为剧烈。

**唐桥站之争夺战**：十月二日拂晓，敌军第九师团在优势空军支援下，配合战车部队，由北南犯，攻击我第九集团军蕴藻浜陈家行至唐桥站间既设阵地，企图由大场以西南窜，切断京沪铁路，以孤立我由大场镇至江湾的守军。第八军之税警总团，奉命接替八十七师之作战，与敌主力相遇，经过两日激战，双方损失均重，敌复以第三师团增援，猛攻我左翼友军，将陈家行至黑大黄宅宽约三公里之阵地，突破数处，渡过蕴藻浜，向南继续猛攻，致我税警总团阵线，特别突出，陷于三面受敌，孤军苦战，但官兵抱寸土必争之决心，坚苦支持，得确保唐桥站阵地。十月三日，敌强大部队，继续向南压迫，税警总团固守严家宅、曹家宅之守军，牺牲重大，相继失陷。我复以可堪调用之部队，配合炮兵协力，向敌实施逆袭，至十四时，遏止敌之攻击，并夺回严宅及西曹宅，敌复集中炮兵轰击，继以步兵反扑，数度肉搏，双方牺牲惨重，税警总团严宅守军，全部殉国，复告失陷。十月四日，自拂晓开始，敌空军穿梭向我第八军阵地猛烈轰炸，九时许，敌地面部队由东、北、西三面向我唐桥站之桥头堡形成包围攻击，激战至十九时许，数度肉搏，守军伤亡惨重，上级以迟滞目的既已达成，遂令第八军撤回至右岸主阵地固守，继续拒止敌人。

**刘家宅之争夺战：** 十月三十日晨，敌集中炮兵向我苏州河右岸丰田纱厂、北新泾镇、屈家桥等处，猛烈轰击，十二时，敌主力借炮兵之弹幕射击及烟幕掩护，强行渡河，苏州河南岸之周家镇，因地形荫蔽，被敌利用南窜，当即与税警总团发生激战，另股强大敌军，亦向税警总团苏州河南岸之刘家宅阵地猛烈攻击。我亲至前线指挥，守军奋勇抵抗，数度肉搏，终以敌不断增援，众寡悬殊，守军伤亡颇重，敌伤亡则数倍于我，我军事最高当局，认已达成消耗战之目的，急令我将刘家宅守军转移至后方阵地，加强守备，刘家宅遂被敌占领。是日为蒋委员长五十晋一华诞，我特为此冲过敌猛烈炮火形成的弹幕，亲赴刘家宅之第一线，激励守军，"效忠领袖，杀敌祝寿"，守军士气高昂，咸抱必死决心，遂屋必争，逢墙不让，敌横尸处处，血流成渠，一日之间，伤亡二千以上，虽幸占刘宅一村，所付代价至大。此役本军已达成上级作战指导目的，深蒙各长官之嘉许。十一月二日一时三十分，我税警总团之第三团第二营，向刘家宅以西攻击前进，协力第三十六师之作战，企图夺回刘家宅，六时十五分，敌复以强大空军支援地面作战，向税警总团第五团阵地猛烈攻击，该团奋勇抗拒，团长丘之纪上校，于激战中饮弹阵亡，官兵亦伤亡过半，情况危急，我乃令第四团前往接替，同时亲率官兵，出敌意表，向刘家宅反扑，企图将进犯苏州河南岸之敌，一举歼灭。九时三十分，我军冒死犯难，奋勇攻击，将刘家宅南区之房屋攻克一部，惟敌仍据其他房屋顽抗，演成逐屋逐室之争夺战，当我陷身于敌我双方难分之混战中，第七十八军军长宋希濂，得悉情况，曾令该军之二一六团支援作战。十一月三日，敌乘我伤亡惨重不断增援猛攻，税警总团第二支队司令孙立人身负重伤，是日午后，税警总团遵令将刘家宅至蔡家宅防务交第三十六师接替。

## 滇西战役：南坐寺与回龙山之激战

长城战役、淞沪战役，我军系以劣势装备对抗优势敌人作战方针，在鼓舞民心士气，转变国际人士"恐日"心理，不惜牺牲，坚强抵抗，达成迟滞敌人、消耗敌人目的后，即主动转进于有利地区，与敌继续作战，这是政策上的要求。

滇西战役，形势完全改变，我军是以优势的兵力火力，对付日暮穷途的劣势日军。作战方针，是要主动攻击，歼灭敌人，收复滇西国土，重开国际路线，以配合盟军作战，这也是政策上的要求。作战时间，开始于民国三十三年五月，我于是年九月，奉命接替第十一集团军总司令职务。当时隶属集团军指挥的战斗部队有：第二、第六、第五十三、第七十一等四个军，第九、第七十六、新三十三、预备第二、第九十三、新三十九、第

一一六、第一三〇、第八十七、第八十八、新二十八等十一个师。配属集团军指挥的有：第三十六、第一〇〇、荣誉第一等三个师，与重炮兵第十团，重迫击炮第七团混合营，通信兵第九连等特种部队，及滇康缅特别游击部队第一、第三、第五等三个纵队。我的任务，是要再兴攻击，克复龙陵、芒市、遮放、畹町四大据点，打通中印公路，重开国际路线。基于这项任务，经过一月余的策划准备，我于三十三年十月二十九日，下达命令，向龙陵围攻，至三十四年一月二十日，我们连续克复了龙陵、芒市、遮放、畹町四大据点，于一月二十八日十一时，与新一军及盟军，在缅北姆色（Mese），举行会师典礼，十四时，在畹町举行通车典礼，完成了本集团军的任务，在这数月的战斗中，每一分钟的作战行动，都是艰险的，每一寸国土的收复，都是各级将士抛头颅洒热血的代价，而三台山南坐寺之争夺战，与畹町回龙山之争夺战尤为惨酷剧烈。

**三台山南坐寺之争夺战：**我军于三十三年十一月三日，攻占龙陵，十一月二十日攻克芒市，二十一日，我下达追击令，继续攻击遮放。芒市与遮放，相距五十公里，地形连亘相依，三台山南坐寺，是遮放之大门，同时也是芒市的前进阵地，我军为巩固芒市的守备，就必须占领三台山南坐寺。占领了三台山南坐寺，就可进而攻略遮放。二十二日，七十一军八十八师二六四团，开始向三台山南坐寺攻击。迄至二十六日，虽数次冲入敌阵，肉搏争夺，终因敌阵地坚固，该团第一营营长董雨兰负伤，攻势顿挫，当时陈军长、胡师长，以该团鏖战五日，伤亡重大，拟另派生力部队接替攻击任务，讵知该团全体官兵，意志坚强，企图旺盛，宁愿全团牺牲于阵地，坚请继续攻击任务，如是再兴攻击，彻夜激战，卒于二十七日晨八时，完全占领南坐寺，此种勇敢牺牲精神，与争取战绩之荣誉心，诚为我国民革命军之楷模。此一阵地，我曾于三十三年十二月十九日，陪同卫长官与魏德迈将军，前往视察。目见五线配备之纵深阵地，与坚固之堡垒，尽为我炮兵、空军摧毁，遍地焦黄，茂密之森林，仅剩有残余枝干，激烈鏖战情景，可以想见。

**畹町回龙山之争夺战**：十二月二日，我军克复遮放后，曾调整部署，暂取守势，至十二月二十一日，奉远征军司令官电令："着就现属各部队，积极部署，攻占畹町。"我乃于十二月二十七日，下达攻击命令，畹町以北，有回龙山之屏障，形势险要，工事坚固，敌人凭险固守，我军屡攻未克。三十四年一月八日晚，我约七十一军军长陈明仁，来扫线指挥所，研判敌情、地形，及连日来战况，并决定十日，派该军八十八师接替二〇〇师回龙山阵地，对回龙山行中央突破之攻击，占领回龙山，即钻隙突进，击破畹町之敌。是时适总部美军联络官司徒德上校、费尔特中校、白古拉少校偕同美国记者白修德，来指挥所访晤，司徒德上校面告："畹町战况，美方魏德迈将军，对伊颇有烦言，并云如战事仍无进展，尔后空军之协助，将生困难。"言外之音，即畹町如不能迅速克复，将不予空军支援。我当告以魏德迈将军曾研判本集团军当面敌人兵力，约五〇〇人，但据俘虏供称，与敌文件证实，本集团军当面之敌，实为五十六师团全部（第一四八、一四六、一一三，三个联队），敌人兵力强大，凭险固守，故各部队攻击进展较缓；同时严正表示：我国军作战目的，系为世界和平、为人类正义而作战，为民族生存、为国家独立自由而作战，敌人未完全消灭，我国军无论在任何状况下，亦必作战到底，至敌人完全消灭而后已，有无空军支援，并不能改变我们对敌人作战的决心与目的。至美方予吾人以协助，打击共同敌人，当为吾人所希望，亦为吾人所感谢者。在此谈话中，在座之美记者白修德，曾询问陈军长对回龙山之攻击，是否有占领之把握。陈军长以坚决的口吻答复，有必胜把握，如十日开始攻击，不能一举成功，我与攻击部队之官兵，即全体在回龙山成仁。当时白修德记者，聆悉陈军长之答复，耸肩伸舌，表示惊讶，盖彼不知我中国军人，有不成功便成仁的之传统精神也。元月十日，我八十八师二六三团、二六四团，在二十四架飞机，与四十门火炮，向回龙山轰击后，于十二时三十七分，开始向回龙山攻击，至十七时，我二六三团、二六四团，由回龙山反斜面攻上山顶，此最后五分钟，争夺山顶之战斗，手榴弹纷掷，密如骤雨，硝烟尘土，血肉横飞，杀声震天，山崩地裂。斯时副长官黄琪翔中将，与美方司徒德上校、白修德记者，均在扫线山顶观战。白修德记者，始于此亲身目见中，惊佩我国军英勇奋战之攻击精神，一改其过去轻蔑误解之偏见。因本日回龙山之战，乃整个畹町战局之转捩点，回龙山被我军占领，敌守备畹町正面之右翼支撑点，即被我突破，我部队即向畹町坝钻隙突进，一月二十日，我第九师、第八十八师，占领畹町。

# 结　语

对日全面抗战，始自民国二十六年七月七日，迄于三十四年八月十四日，实际经过八年一个月又七天，其间从事大规模会战二十二次，重要战斗一千一百一十七次，小战斗三万八千九百三十一次。

我国军官兵伤亡三百二十六万余人，平民死伤于战争中者，不下二千万人，赤胆忠魂，永镇河岳，其冒白刃、洒热血、精忠贯日之精神，将永垂青史，"慨然此夕江湖梦，犹绕神州古战场。"在今日"反共复国"战争中，此种冒险犯难，牺牲奋斗精神，尤当激扬振起，"中兴"大业，实利赖之。

（原载《传记文学》第三十一卷第二期）